本书由
中央高校建设世界一流大学（学科）
和特色发展引导专项资金
资助

中南财经政法大学“双一流”建设文库

数 | 字 | 经 | 济 | 系 | 列 |

新兴产业技术标准化过程研究

——基于物联网产业的考察

田博文 著

中国财经出版传媒集团
中国财政经济出版社

图书在版编目（CIP）数据

新兴产业技术标准化过程研究：基于物联网产业的考察／田博文著．--北京：中国财政经济出版社，2019.12

（中南财经政法大学“双一流”建设文库．数字经济系列）

ISBN 978－7－5095－9424－7

Ⅰ.①新…　Ⅱ.①田…　Ⅲ.①新兴产业－技术标准－标准化－研究－中国　Ⅳ.①F269.24－65

中国版本图书馆CIP数据核字（2019）第248675号

责任编辑：钱红叶　　　　责任校对：徐艳丽

封面设计：陈宇琰

新兴产业技术标准化过程研究

——基于物联网产业的考察

XINXING CHANYE JISHU BIAOZHUNHUA GUOCHENG YANJIU

——JIYU WULIANWANG CHANYE DE KAOCHA

中国财政经济出版社 出版

URL：http：//www.cfeph.cn

E－mail：cfeph@cfemg.cn

社址：北京市海淀区阜成路甲28号　邮政编码：100142

营销中心电话：010－88191537

北京财经印刷厂印装　各地新华书店经销

787×1092毫米　16开　10.25印张　161 000字

2019年12月第1版　2019年12月北京第1次印刷

定价：45.00元

ISBN 978－7－5095－9424－7

（图书出现印装问题，本社负责调换）

本社质量投诉电话：010－88190744

打击盗版举报热线：010－88191661　QQ：2242791300

总　序

“中南财经政法大学‘双一流’建设文库”是中南财经政法大学组织出版的系列学术丛书，是学校“双一流”建设的特色项目和重要学术成果的展现。

中南财经政法大学源起于1948年以邓小平为第一书记的中共中央中原局在挺进中原、解放全中国的革命烽烟中创建的中原大学。1953年，以中原大学财经学院、政法学院为基础，荟萃中南地区多所高等院校的财经、政法系科与学术精英，成立中南财经学院和中南政法学院。之后学校历经湖北大学、湖北财经专科学校、湖北财经学院、复建中南政法学院、中南财经大学的发展时期。2000年5月26日，同根同源的中南财经大学与中南政法学院合并组建“中南财经政法大学”，成为一所财经、政法“强强联合”的人文社科类高校。2005年，学校入选国家“211工程”重点建设高校；2011年，学校入选国家“985工程优势学科创新平台”项目重点建设高校；2017年，学校入选世界一流大学和一流学科（简称“双一流”）建设高校。70年来，中南财经政法大学与新中国同呼吸、共命运，奋勇投身于中华民族从自强独立走向民主富强的复兴征程，参与缔造了新中国高等财经、政法教育从创立到繁荣的学科历史。

“板凳要坐十年冷，文章不写一句空”，作为一所传承红色基因的人文社科大学，中南财经政法大学将范文澜和潘梓年等前贤们坚守的马克思主义革命学风和严谨务实的学术品格内化为学术文化基因。学校继承优良学术传统，深入推进师德师风建设，改革完善人才引育机制，营造风清气正的学术氛围，为人才辈出提供良好的学术环境。入选“双一流”建设高校，是党和国家对学校70年办学历史、办学成就和办学特色的充分认可。“中南大”人不忘初心，牢记使命，以立德树人为根本，以“中国特色、世界一流”为核心，坚持内涵发展，“双一流”建设取得显著进步：学科体系不断健全，人才体系初步成型，师资队伍不断壮大，研究水平和创新能力不断提高，现代大学治理体系不断完善，国际交流合作优化升级，综合实力和核心竞争力显著提升，为在2048年建校百年时，实现主干学科跻身世界一流学科行列的发展愿景打下了坚实根基。

“当代中国正经历着我国历史上最为广泛而深刻的社会变革，也正在进行着人类历史上最为宏大而独特的实践创新”，“这是一个需要理论而且一定能够产生理论的时代，这是一个需要思想而且一定能够产生思想的时代”①。坚持和发展中国特色社会主义，统筹推进“五位一体”总体布局和协调推进“四个全面”战略布局，实现“两个一百年”奋斗目标、实现中华民族伟大复兴的中国梦，需要构建中国特色哲学社会科学体系。市场经济就是法治经济，法学和经济学是哲学社会科学的重要支撑学科，是新时代构建中国特色哲学社会科学体系的着力点、着重点。法学与经济学交叉融合成为哲学社会科学创新发展的重要动力，也为塑造中国学术自主性提供了重大机遇。学校坚持财经政法融通的办学定位和学科学术发展战略，“双一流”建设以来，以“法与经济学科群”为引领，以构建中国特色法学和经济学学科、学术、话语体系为己任，立足新时代中国特色社会主义伟大实践，发掘中国传统经济思想、法律文化智慧，提炼中国经济发展与法治实践经验，推动马克思主义法学和经济学中国化、现代化、国际化，产出了一批高质量的研究成果，“中南财经政法大学‘双一流’建设文库”即为其中部分学术成果的展现。

文库首批遴选、出版二百余册专著，以区域发展、长江经济带、“一带一路”、创新治理、中国经济发展、贸易冲突、全球治理、数字经济、文化传承、生态文明等十个主题系列呈现，通过问题导向、概念共享，探寻中华文明生生不息的内在复杂性与合理性，阐释新时代中国经济、法治成就与自信，展望人类命运共同体构建过程中所呈现的新生态体系，为解决全球经济、法治问题提供创新性思路和方案，进一步促进财经政法融合发展、范式更新。本文库的著者有德高望重的学科开拓者、奠基人，有风华正茂的学术带头人和领军人物，亦有崭露头角的青年一代，老中青学者秉持家国情怀，述学立论、建言献策，彰显“中南大”经世济民的学术底蕴和薪火相传的人才体系。放眼未来、走向世界，我们以习近平新时代中国特色社会主义思想为指导，砥砺前行，凝心聚

① 习近平：《在哲学社会科学工作座谈会上的讲话》，2016年5月17日。

力推进“双一流”加快建设、特色建设、高质量建设，开创“中南学派”，以中国理论、中国实践引领法学和经济学研究的国际前沿，为世界经济发展、法治建设做出卓越贡献。为此，我们将积极回应社会发展出现的新问题、新趋势，不断推出新的主题系列，以增强文库的开放性和丰富性。

“中南财经政法大学‘双一流’建设文库”的出版工作是一个系统工程，它的推进得到相关学院和出版单位的鼎力支持，学者们精益求精、数易其稿，付出极大辛劳。在此，我们向所有作者以及参与编纂工作的同志们致以诚挚的谢意！

因时间所囿，不妥之处还恳请广大读者和同行包涵、指正！

中南财经政法大学校长 杨灿明

目　录

第1章　导　　论

1.1　问题的提出

本研究选题来源于国家自然科学基金项目“战略性新兴产业政策制定过程中的政企互动机制研究”（项目资助号：No. 71172089）。鉴于技术标准是政府政策法规的重要组成部分和对战略新兴产业发展的质量起到重要作用，本研究是从技术标准角度解读战略新兴产业技术标准化过程中的互动行为和规律。

上述自然科学基金项目的背景是我国七大战略性新兴产业的出台。2010年10月，国务院颁布了《国务院关于加快培养和发展战略性新兴产业的决定》（国发〔2010〕32号），确定了依靠市场基础作用与政府引导推动相结合发展我国战略性新兴产业的思路。紧接着国务院发展研究中心配合上述文件，研究提出了“建立以企业为基础政企协调型的政策形成模式”的建议，并指出还需要相关的理论研究来支撑和指导这一建议的落实。

这一建议提出的依据是：第一，从现有理论研究来看，研究者习惯性地关注在产业发展的过程中，政府应该出台什么政策或者政策如何影响企业行为，但是忽略了从组织行为角度分析行动者如何对政策决策施加影响的过程。相关的研究将丰富管理知识宝库，是非常有必要的。第二，从战略性新兴产业的现状和特点来看，相较于技术路线成熟、产业成熟、市场成熟的传统产业和高新技术产业（李晓华，吕铁，2010），战略性新兴产业面临新兴技术的前沿性、复杂性，面临产业发展、市场开发的不确定性，没有可以直接借鉴的经验。政府是发展战略性新兴产业这一重要战略规划的倡导者和主要推动者，新兴产业的发展离不开政府政策的有效指导、大力支持，因此有必要关注战略性新兴产业相关的政策制定、决策过程。第三，在制定战略性新兴产业的政府政策时，如何有效地组织政策制定、决策过程是影响政策出台的重要因素。而新兴产业发展中的各类利益相关者拥有着影响其他行动者产出结果的重要资源，但是没有哪一方行动者掌握着全部的资源（Intriligator，Braquinsky，Bowen，Tullock and Root，1999）。即便是政府，也无法凭借一己之力完成整个产业政策的制定。这就需要推动产业内的各类利益相关者彼此合作、多方互动，以实现协同创新。那么建立多方利益相关者之间互动的有效组织模式十分必要（Pearce，2001；Rea，Brooks，Burger and LaScala，1997；Ring，Bigley，D'Aunno and Khanna，2005）。从应用角度看，本项目研究成果将有助于建立更合理的以政企互动为基础的政策形成机制，更好地推动我国战略性新兴产业发展。

1.2　研究目的与意义

从国家政策制定层面看，技术标准是引导产业发展和企业行为的重要政策法规的组成部分，更是促进战略性新兴产业快速进入大规模商用和市场化阶段的关键举措（陶爱萍，李丽霞，洪结银，2013；邓洲，2011）。为此，在部署战略性新兴产业的发展时，国家将“技术标准化”“标准先行”列为了推动我国战略性新兴产业发展的重要战略模式（王珊珊，李力，许艳真，2014）。2010 年出台的《国务院关于加快培育和发展战略性新兴产业的决定》和 2011 年发布的《国民经济和社会发展第十二个五年规划纲要》，将加快建立战略性新兴产业发展的行业标准和重要产品技术标准体系事项提上重要议程。2012 年 12 月，科技部、质检总局和国家标准委联合印发了《“十二五”技术标准科技发展专项规划》（国科发计〔2012〕1100 号），提出要切实发挥好技术标准在战略性产业发展中的引领作用、支持开展技术标准研究和健全技术标准化工作组织机制等重点任务。

从国际竞争层面看，新兴产业技术标准化是在我国在面对各国抢占新一轮经济制高点背景下提出来的重要战略（陶爱萍，李丽霞，洪结银，2013）。在发达国家技术标准占据主导优势的当今时代，中国、作为发展中国家是事实上的非标准在位者，在技术标准领域始终处于从属的追随者地位。发展战略性新兴产业为我国突破发达国家的技术标准锁定地位和实现“后发者优势”提供了新机遇，必须通过积极的标准战略和竞争策略与发达国家展开标准竞争，掌握技术和经济竞争的主动权。因此，新兴产业技术标准化的组织和开展是非常具有现实研究意义的。

对技术标准研究的文献回顾表明，技术标准研究的三大基本问题包括：（1）技术标准是什么；（2）技术标准为什么产生；（3）技术标准如何产生。而“技术标准该如何产生”正是发展中国情境下新兴产业技术标准化有待进一步解决的问题。

目前，学者们在探讨如何推进战略性新兴产业发展时，认为战略性新兴产业是在国民经济中具有重要战略地位的产业和具备了高度的不确定性，战略性新兴产业发展的质量与技术标准化密切相关（朱瑞博，2011；邓洲，2013）。战略性新兴产业发展还是一项牵扯到产业各个环节、社会各方利益相关者的全局性、集体性的创新活动，这一特点同样体现在技术标准化领域（王珊珊，王宏起，2012）。由于技术的高度不确定性、市场需求信号的极度模糊以及竞争结构的无形变异，以及在我国情境下，支撑新兴产业技术标准化发展的资源掌握在不同行动者手里，凭借单个行动者和某一类型行动者的能力和资源无法有效支撑新兴产业技术标准化工作的顺利开展。因此新兴产业技术标准化必须依靠政府、大学和产业界等行动者相互之间的合作产生协同创新效应（Kreiser and Marino，2002；彭学龙，赵小东，2005；史方宇，2014）。但是，现有技术标准化的研究多半是以企业为研究主体探讨企业如何在技术标准竞争中降低经营风险和谋求更多的竞争优势，因此忽视了中国情境下新兴产业技术标准化是一个全局性、集体性的创新活动，忽视了企业之外的非市场行动主体的参与和创新作用，也就忽视了新兴产业技术标准化中的多元行动者之间的互动过程（Stigson，Dotzauer and Yan，2009）。那么，在新兴产业存在高度不确定性的情境下，如何实现多元主体互动从而推动技术标准制定呢？一方面，在我国，已有的研究讨论了企业标准联盟、产业（技术）联盟（孙耀吾，赵雅，曾科，2009），依旧是以企业为研究主体强调了联盟这一类组织在降低企业外部不确定性和实现企业绩效的重要性，这对于中国情境下新兴产业技术标准化的组织模式实际上没有一个全面、清晰的认识。中国情境下的标准制定组织形式多样，但是没有研究对上述不同类别组织运作机理之间的共性和区别进行梳理，组织模式中多元主体互动的内在机理方面仍有待进一步探讨。因此本研究试图回答以下问题：（1）新兴产业技术标准化的过程特点是什么？（2）中国情境下新兴产业技术标准化存在什么样的组织模式？（3）新兴产业技术标准化的组织模式下，多元行动主体是如何合作的以及呈现什么互动规律？

综上所述，本研究选择中国情境下物联网产业技术标准化作为考察对象开展逐步深入的研究。对这些问题的探讨，从理论上，填补了中国情境下新兴产业技术标准化过程研究（多元行动主体、组织模式、互动规律）的空白，弥补了现有新兴产业技术标准化实证研究的不足；从实践上，能够为组织技术标准化和促进新兴产业技术标准化发展提供理论与方法的支持。

1.3 相关概念界定

1. 新兴产业（Emerging Industry）。国内外文献已经赋予了新兴产业很多定义。由于本文重点研究的是中国情境下的新兴产业，对新兴产业的定义等同于我国政府对战略性新兴产业的概念界定，即"战略性新兴产业是以重大技术突破和重大发展需求为基础，对经济社会全局和长远发展具有重大引领带动作用，知识技术密集、物质资源消耗少、成长潜力大、综合效益好的产业"（《国务院关于加快培育和发展战略性新兴产业的决定》，国发〔2010〕32 号）。根据我国政府界定的新兴产业概念，中国情境下的新兴产业更加强调产业对于国家经济发展的战略性、全局性影响，主要是新材料、新一代信息技术、高端装备制造、新能源汽车、生物、节能环保、新能源七大产业。本文所调查的物联网产业是新一代信息技术产业的重要组成部分，是我国政府选择重点突破的领域，具有较好的代表性和典型性。

2. 技术标准（Technical Standards）。技术标准是一种与产品或服务相关并得到大多数生产商和用户承认的技术规范（王珊珊，王宏起，2012）。从供应方来看，技术标准代表的是设计逻辑中某一特定类型产品的层次结构和功能参数。从需求方来看，技术标准反映了一个集体选择，是消费者效用、技术可能性、制造商成本结构与政治、社会和经济制度约束之间的平衡。技术标准的类型主要包括：（1）参照和测量标准；（2）最低限度的质量和绩效标准，如产品安全标准；（3）兼容性和互操作标准。

3. 技术标准化（Technology Standardization）。技术标准的制定、发布和实施等一系列活动过程被称为技术标准化，它涵盖从技术研究与开发、技术确立为标准直至标准采用、产品开发和技术扩散的完整过程（薛卫，雷家骕，2008；孙耀吾，赵雅，曾科，2009）。

4. 标准制定组织（Standards - setting Organizations）。标准制定组织（Standards - setting Organizations，简称 SSO），是指“行动者间基于协调、沟通、政治协商等方式，经由正式或非正式的协议自发地开展制定、修改或扩散标准等技术标准化活动的合作组织”（Leiponen，2008）。在组织技术标准化活动的过程中，标准制定组织由于运作模式等方面的差异有着多种定义和描述，比如技术标准联盟，标准工作组，产业标准联盟，标准起草委员会，专利联盟，等等，都是以标准为契机、以集体参与的方式开展标准研制工作的合作组织。

5. 多元行动主体（multiple actors）。新兴产业技术标准化不只是企业的创新行为，而是涉及多类、多个行动者的参与和创新行为，例如政府部门、产业链企业、高校、科研院所等，本书中将它们统称为多元行动主体，简称“多元主体”。

1.4 研究内容与技术路线

本书基于中国情境下新兴产业技术标准化的发展特点，提出研究框架和问题（如图 1 - 1 所示），为新兴产业技术标准化的组织和规范化管理提供理论方法支持，对加快新兴产业技术标准化进程和提升产业技术标准化组织能力具有重要意义。无论是政府、高校、科研院所还是企业，以及标准制定组织，都是一种组织形式，其组织行为是组织要素（个体、群体和组织总体；目标、资源、价值观、战略）与外部环境因素相互作用产生的组织整体的行为。因此，在本书中，技术标准化过程和多元行动主体之间的互动规律是要研究的组织行为；参与技术标准化过程的行动者特征、标准制定组织特征是影响组织行为的组织要素；新兴产业特征是影响组织行为的外部环境要素。基于新兴产业发展、技术标准化和标准制定组织研究的相关文献和理论视角，以物联网产业技术标准化为主要考察对象，试图通过纵贯研究、内容分析和案例研究等方法探讨以下研究内容。

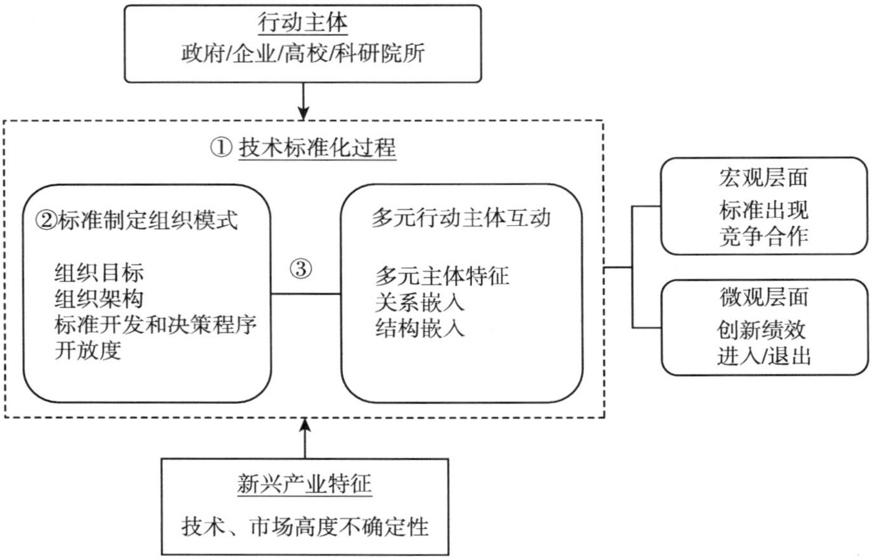

图1－1　本书研究框架和内容

研究内容之一：新兴产业技术标准化的过程研究

新兴产业技术标准化的发展是在政府、企业、高校、科研院所、金融机构等多元行动主体的互动中逐步推进的。在面对高度不确定性和缺乏丰富经验的情境下，新兴产业技术标准化该如何发展是本研究所需要关注的第一个研究内容。我们认为，对于新兴产业技术标准化所显现的多元主体协同创新特征，有必要从行动者角度进行分析，了解行动者参与到新兴产业技术标准化的过程，以及新兴产业技术标准化发展过程中各类行动者的角色定位、利益和障碍。因此，具体研究问题如下：新兴产业技术标准化的发展过程是什么？参与新兴产业技术标准化发展的行动者有什么特点？

研究内容之二：新兴产业技术标准化的组织模式研究

这一部分对中国情境下新兴产业技术标准化的组织模式进行研究。根据西方产业情境下形成和发展的两类主要标准制定组织——正式标准制定组织和非正式标准制定组织文献归纳了标准制定组织的典型制度特征，并根据中国情境特征提出了标准制定组织形成和发展过程中的政府介入视角，在此基础上经过前期的二手资料收集、焦点小组访谈之后，对上述数据进行了内容编码和结构化分析，解决的具体问题是：新兴产业形成了什么样的标准制定组织？具备什么特征和发展规律？

研究内容之三：标准制定组织中的多元主体合作网络内在机理研究

标准制定组织形成发展的根本目的是组织开展技术标准化工作，基于多元行动主体的合力制定推动产业发展的技术标准。本书认为，由于多元主体之间的参与和互动，标准制定组织中的技术标准化是一个多层级的、复杂的网络化过程。根据技术标准研究和社会网络理论，本书认为，标准制定组织是将政府、企业等部门的行动主体集合在一起开展技术标准化工作，那么技术标准化中多元主体互动形成的合作网络值得关注。而在社会网络理论框架下，可通过分析关系嵌入和结构嵌入的性质来研究多元行动主体在整个技术标准合作网络中的关系强弱、所处的位置和发挥的作用。因此，具体研究问题如下：标准制定组织模式下，基于技术标准化工作构成的多元主体合作网络的行动主体包括哪些？在合作网络中的主体角色具备什么特征？在互动过程中形成了什么样的合作关系和网络结构？

基于研究内容，本书的总体技术路线如图1－2所示。

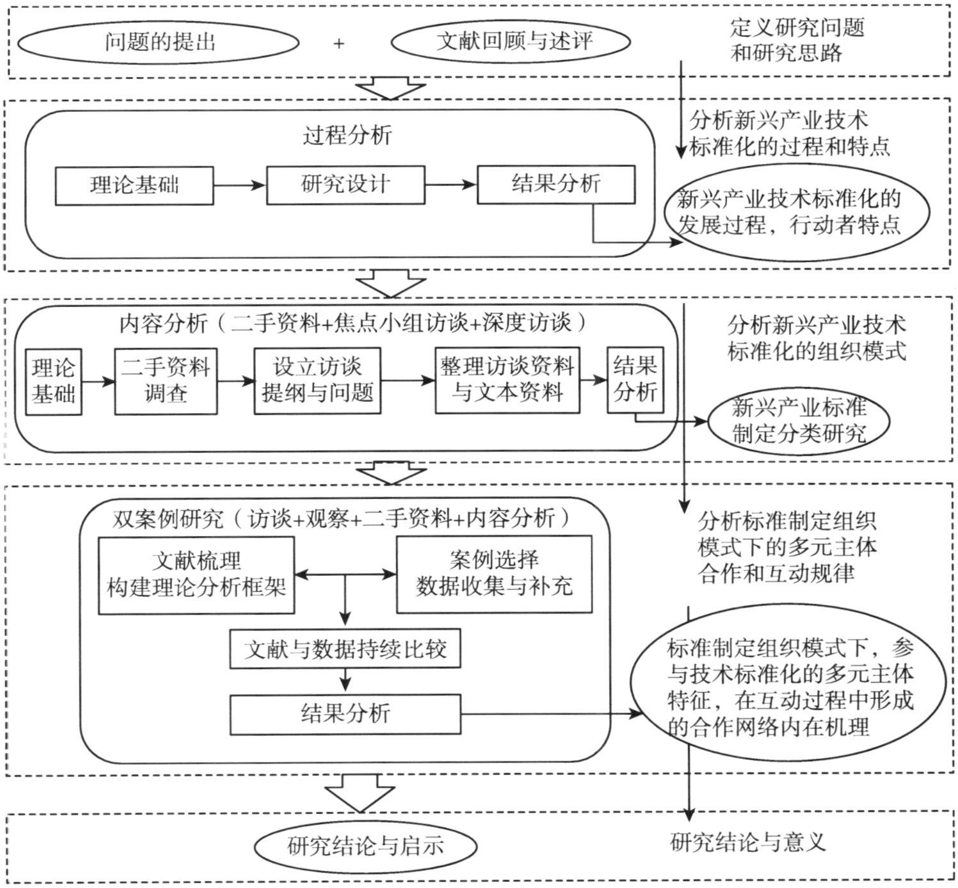

图1－2 本书技术路线

1.5　本书的创新点

本书希望根据上述研究内容和技术路线对中国新兴产业技术标准化过程和组织模式进行研究。由此，本书可能的创新有四点。

第一，本书将新兴产业技术、市场的高度不确定性和政府、企业、高校、科研院所、专业标准化机构等多元行动主体纳入研究框架，详细地阐述了新兴产业技术标准化的过程，识别出其渐进式发展和协同创新的特点。由于新兴产业存在高度的技术、市场不确定性，同时新兴产业发展所需的创新资源分散在多元行动主体手里，因此新兴产业技术标准化过程分为技术研究研发、标准制定组织建设、标准制定和标准推广四个渐进式发展的子阶段；每一个阶段中都有技术标准化的子目标（技术、组织、标准、产业化）和建立了相应的微观运作机制（研究团队、联盟组织、知识产权共享和集成机制、产业推广机制），并且在每个子阶段中发起或参与大量的多元主体互动。已有的研究对于“渐进式”的定义主要是在公共政策决策中，是指为了追求重新定义的政策目标而对现行的脚步进行微调整（Braybrooke and Lindblom，1963）。本书将“渐进式”特点借鉴到中国的新兴产业技术标准化过程中，强调的是政府作为核心行动者根据新兴产业的技术、市场和产业成熟度，动员和招募多元行动主体在每个子阶段中解决掉相应的阶段性目标，再进行下一个阶段性目标。政策资源的持续供给在渐进式发展和多元主体互动中形成，这是核心行动者在各异质行动主体之间建立起利益协调机制的手段，标准制定组织则成为落实多元主体的资源整合和协同创新的组织保障。

第二，本书对中国情境下新兴产业纷繁复杂的标准制定组织现象和不同标准制定组织背后的运作机理进行了梳理和厘清。伴随着中国情境下越来越多的行动者参与新兴产业技术标准化的新行动，以技术标准化为契机构建的标准制定组织大量兴起。本书在这一部分的贡献是：基于大量二手数据、文档和访谈数据的内容分析将中国情境下标准制定组织表现形式归纳为技术委员会、标准工作组、协会、产业（技术）联盟和企业标准联盟五种形式。由于与技术标准化相关的标准制定组织现象纷繁复杂，虽然国内文献中采用“技术标准联盟”“产业（技术）联盟”“专利联盟（专利池）”“行业协会”“标准化组织”等多个术语描述此类组织现象，但是没有研究对上述不同标准制定组织之间的共性和区别进行梳理。在此基础上，本书将中国情境的标准制定组织特征与文献进行持续比较，总结出两种导向下标准制定组织的关键特征（组织目标、组织架构、标准开发和决策程序、开放度、政府介入度），为如何构建和完善标准制定组织提供了理论指导。最后，本书构建的标准制定组织演化模型清楚地展示了中国新兴产业技术标准化由任务导向逐渐向市场导向演变的轨迹。

第三，本书认为新兴产业技术标准化过程具有网络特征，并且特点之一是在技术标准制定组织模式下形成小世界——多元主体合作网络。因此，本研究通过对两个标准制定组织进行双案例研究，引入社会网络理论思想和分析框架，从关系嵌入维度（目标一致性、互动频率、共同解决问题的安排、信任度）分析了标准制定组织技术标准化中多元主体的互动关系，引入社会网络理论中的网络结构（网络规模、网络密度）、网络地位（程度中心度、中间中心度）等概念，从结构嵌入维度深入分析标准制定组织中的多元主体合作网络形态。

本书的贡献在于：现有研究在讨论技术标准合作网络时并未考虑到标准制定组织的特征，对于各个标准制定组织之间的横向比较研究相对欠缺，不同标准制定组织模式下的技术标准合作网络属性都没有清晰的研究。而且，现有研究在讨论技术标准合作网络时，多数围绕企业这一类型的行动主体探讨企业技术标准合作网络，较少考虑其他行动主体的角色。而中国情境下的特点是，除了企业，高校、科研院所等其他类型的行动主体在技术标准化中的作用同样不可忽视，值得进一步分析。基于这两点，本研究在探讨新兴产业技术标准合作网络时，考虑到中国情境下标准制定组织划分为任务导向型标准制定组织和市场导向型标准制定组织，因此对两类标准制定组织模式下的多元主体合作网络进行分析。研究发现，不同导向的标准制定组织虽然都包含了学研机构（高校、科研院所）和企业两大行动主体，但是它们在技术标准合作网络中的主体作用、关系嵌入性和结构嵌入性存在差异。研究还发现，标准制定组织自身产生了一个以秘书处为代表的自治组织，也参与到技术标准化活动中，并且在多元主体合作网络中占据重要位置，对其他行动主体的关系嵌入性、结构嵌入性产生了重要影响。这导致标准制定组织模式下的技术标准合作网络的研究结论和已有研究有所不同。

第四，本书引入社会网络理论思想和分析框架，是研究方法和视角的创新，基于新兴产业和技术标准化情境对社会网络理论进行了补充或拓展。在关系嵌入研究中，现有研究多限于经济社会学领域，对于特定产业中的企业间关系性嵌入研究较少，对特定产业技术标准化和多元主体间的关系嵌入研究则更少。关系嵌入强调联系强度的重要性，虽然学术界对于企业间究竟应形成何种强度的联系并未达成共识（Larson，1992；吴晓波，韦影，2005；张闯，2011），但是结合技术标准化情境和多元主体互动特征的研究结论是：基于牵头立项、草案编写和联合提案等互动方式建立的强联系象征着技术标准立项、制定和决策过程中行动者之间详尽的信息交换、利益共享以及更多的任务协同，并且这种强联系通常建立在拥有核心技术或专利的行动主体之间；而基于意见征询、跟踪学习等互动方式建立的弱联系能为技术标准立项、制定和决策过程中带来新信息，这种联系存在的原因是有很多行动主体由于自身技术标准化能力不足或者怀着观望、跟踪和学习目的加入标准制定组织。多元主体间的强联系能够加快技术标准开发的速度，而弱联系代表着技术标准化吸引了更多行动者的关注，对于标准制定组织中技术标准的扩散和标准制定组织合法性的提升也是有利的。在结构嵌入视角中，由于网络结构本身并没有内容，缺少了内容的社会网络也就无从解释什么样的社会关系可能对企业的行为产生什么样的影响（Uzzi，1996），这使得关系嵌入成为理解网络结构对企业行为影响的一个重要起点（Barden & Mitehell，2007）。本书在研究和解释多元主体合作网络时将网络结构与网络中关系的内容、性质与强度等因素相融合。

1.6　本书结构安排

本研究的总体框架架构如图 1 – 3 所示。

本研究由七个章节构成，全书的结构安排如下：

第 1 章绪论，旨在奠定本研究的基础。这一章的内容要点包括：（1）阐述选题背景；（2）提出研究问题；（3）界定相关概念；（4）确定研究内容和技术路线；（5）概括论文创新点；（6）安排论文结构。

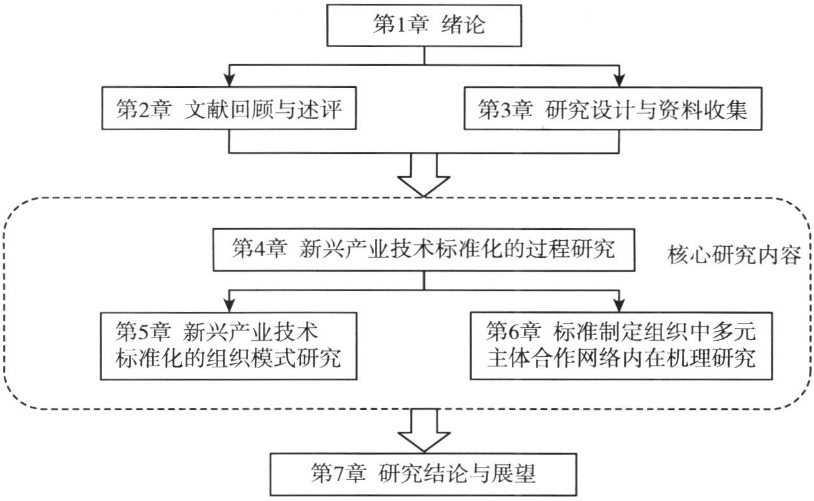

图1－3 本书总体架构图

第2章文献回顾与述评，旨在为研究内容和研究创新奠定理论基础。这一章的内容要点在于，回顾、梳理和分析新兴产业发展文献、技术标准研究文献和标准制定组织理论文献，最后一部分是对已有研究进行了评述，找出已有理论中缺乏的要点，并在此基础上提出有待进一步延伸和完善的研究要点。

第3章研究方法与数据收集，旨在介绍本研究所采取的研究方法和数据收集方法。具体到研究方法，本书综合运用了纵贯研究、内容分析法和案例研究三种方法；具体到产业背景，本书从七大战略新兴产业中选取了物联网产业作为研究新兴产业技术标准化现象的典型产业。具体到数据收集方法，本论文的研究数据主要来源于深度访谈、实地观察和丰富的二手资料。

第4、5、6章是本书研究的核心部分，这三章的研究内容之间彼此联系，随着研究推进而逐步深入，但是每个章节又有不同的侧重点。第四章新兴产业技术标准化的过程研究，旨在基于行动者网络分析框架识别出推动中国情景下新兴产业技术标准化的过程和行动者特点。

第5章新兴产业技术标准化的组织模式研究，旨在通过对中国情境下新兴产业标准制定组织的分类为后续的案例研究奠定基础。这一章基于二手数据收集、调查访谈发现，结合标准制定组织制度特征和技术标准化中政府介入特征，中国情境下形成的标准制定组织主要是两种导向：政府介入度高和呈现正式标准制定组织特征的任务导向型标准制定组织，以及政府介入度低和呈现非正式标准制定组织特征的市场导向型标准制定组织。

第 6 章技术标准制定组织中的多元主体合作网络内在机理研究，旨在通过数据深度挖掘以及与文献的反复比对来弄清标准制定组织中开展技术标准化工作形成的多元主体合作网络内在机理。这一章是以第五章的标准制定组织类别和导向分析为基点来选择典型案例标准制定组织，为了解答研究问题，在技术标准研究、社会网络理论等文献基础上设计了双案例研究，通过数据与文献的持续比较，分析多元主体合作网络中的多元主体特征、关系嵌入性和结构嵌入性。

第 7 章研究总结与展望，本章是对上述章节主要研究结论的进一步归纳和推理，并简述了本书的研究不足、理论贡献、实践启示以及后续研究的方向与建议。

第2章　文献回顾与述评

2.1　新兴产业发展

2.1.1　新兴产业的定义、特点和演化规律

（1）定义

波特在《竞争战略》一书中最早提出新兴产业的定义，即由于技术创新、成本关系变动、新的消费需求出现等经济和社会方面的因素，某种新产品或者新服务得以市场化和带来的新形成的产业。周新生（2000）指出新兴产业承担着新的社会生产分工职能，具有一定规模和影响力，代表着市场对产业结构作为一个经济系统整体产出的新要求、产业结构转换的新方向和新科学技术产业化的新水平。黄南（2008）区分了狭义的新兴产业和广义的新兴产业，认为狭义的新兴产业主要是指依靠科技革命成果而发展起来的高新技术产业，广义的新兴产业是指那些利用先进革命成果而建立起来的一系列对经济发展具有战略意义的产业。这些产业普遍采用先进的生产技术，是科技创新最为集中的生产领域。于永慧等（2010）指出，新兴产业是基于重大发现和发明而产生的新产品及由此产生的新的产业群、新的部门和行业，它们将改变人类社会生产方式和生活方式。2010年，国务院出台的《关于加快培育和发展战略性新兴产业的决定》中，中央政府提出了战略性新兴产业这一概念并给出了明确的定义，“建立在重大前沿科技突破基础上，代表未来科技和产业发展新方向，体现现代世界知识经济、循环经济、低碳经济发展潮流，尚处于成长初期、未来发展潜力巨大，对经济社会具有全局带动和重大引领作用的产业”。袁天昂（2010）把战略性新兴产业定位为：通过高新技术的产业化发展起来的、具备知识和技术密

集特征的新产业；刘洪昌等（2010）认为战略性新兴产业是指科技含量高、产业关联广、市场空间大、节能减排的潜在朝阳产业，在国民经济中具有重要战略地位和关系到国家或地区的经济命脉。

（2）特点

处在发展阶段的新兴产业，产业发展的要素条件的不足和变化性，加上产业本身机制与内涵的规律化、规范化、规则化程度比较低，其未来发展轨迹不易被确认，因此，新兴产业的主要特点之一是具有高度的不确定性，表现在市场、技术等方面（Christensen，1997；Lambkin and Day，1989；Utterback，1996；Forbes and Kirsch，2011）。虽然已有研究明确了不确定性影响产业的发展，但是仍阻止不了各国发展新兴产业的热情，这是因为新兴产业还具备另外一个特点——推动国家和社会发展的战略重要性（Arbuthnott，Eriksson and Wincent，2010）。

（3）演化规律

新兴产业作为一个复杂的系统，其出现是一个涵盖不同阶段的演化过程（Phaal，O'sullivan，Routley，Ford and Probert，2011）。传统生命周期模型中通常使用一些具有转折点标志的数据，例如销售增长率进行阶段划分，但在新兴产业中，这些数据很难得到（Tikkanen，2008）。在这种情况下，有研究者尝试着把新兴产业划分为形成、增长、成熟和衰退四个阶段（Jacobsson and Bergek，2004）。Agarwal（2005）认为新兴产业发展初期要经历一个“迷你淘汰”的时期；顾海峰（2011）认为战略性新兴产业一般历经三个产业业态的转变：新兴性产业，主导性产业，支柱性产业。通过把产业划分为幼稚、新兴、成熟和衰退产业，熊勇清等（2011）认为新兴产业正处在产业生命周期的成长期。除此之外，基于社会网络视角，新兴产业演化被视为通过产业参与者之间的反复互动来使得技术与制度共同发展的过程（Ruttan，2000；王珊珊，许艳真，李力，2014）。

2.1.2 推动新兴产业发展的途径

（1）培育模式

如何培育和发展战略性新兴产业成为学术界和各级政府共同关注的问题，尤其是设计超前的新兴产业培育模式。对战略性新兴产业培育模式的研究主要有三种视角。从产业来源看，Khessina、Lange 等学者通过实证研究提出了嫁接、裂变和融合三种培育模式（李小平，卢现祥，2010；陈诗一，2010）。林学军（2012）在此基础上设计了新兴产业发展模式概念模型。曹希玉（2011）认为战略性新兴产业有三种形式，一是新技术产业化形成的产业，二是用高新技术改造传统产业和形成新产业，三是社会公益事业的产业化运作。从产业培育主体看，主要有政府主导模式、市场主导模式以及政府市场共推模式。从产业创新要素看，李奎等（2012）指出技术与市场是战略性新兴产业发展的两大关键要素，并提出战略性新兴产业发展的双螺旋模型。而区域视角下战略性新兴产业的研究多以提出相关对策建议为主，其中 Brechtel et al.（2011）认为促使比较创新的产业向新兴产业转变的发展，应该由当地地方按照当地制度分散考虑，而不是照中央计划执行。王宏起、杨仲基、安宁（2014）基于创新双螺旋视角，设计了科技创新驱动与市场需求拉动的区域战略性新兴产业双螺旋培育模式，并结合该模式为黑龙江省高端装备制造业的培育提出相关策略。

（2）产业政策

不同的国家政治制度结构决定了不同的政府管理行为，而不同的管理行为导致不同的政策导向，进而影响到新兴产业的发展路径（陈洪涛，陈劲，施放，郑胜华，2009）。因此，新兴产业的兴起和繁荣需要有力的政策支持（程郁，2011）。支持新兴产业发展的政府政策有两种分析视角，一是从内容方面分为支持技术研发的科技政策和支持产业化的产业政策（Rothwell & Zegveld，1981），二是从形式、层面分为任务导向型政策和扩散导向型政策（Cantner & Pyka，2001）。相关研究中，方荣贵，银路和王敏（2010）划分了新兴技术商业化过程的四个阶段，并归纳了每个阶段中政府应提供的政策要点；孙继红，武建龙，徐玉莲和王宏起（2013）通过对 392 份企业税收优惠政策需求调查问卷的回归分析，就完善战略性新兴企业的增值税减免政策、所得税优惠政策和关税优惠政策提出了建议；王宏起，孙继红，李玥（2013）指出促进我国战略性新兴企业自主创新的税收政策体系已基本形成，但在税收政策布局合理性、政策工具科学性、政策柔性以及政策实施等方面尚待加强和完善。

（3）产业创新

产业转型的效率取决于一国的产业创新能力。国家创新的核心是产业创新（Freeman，1995）。当前我国发展战略性新兴产业在于抓住国际上产业结构转换和升级的“机会窗口”，通过自主创新战略提升产业技术实力（刘辉锋，2011）。

在创新过程中，企业不仅和其他企业互动，更与非市场组织，如大学、科研院所、政府机构、金融机构等密切相关（Malerba，1996）。同时，企业规模、创新投入产出、公司绩效、盈利能力、成长性等方面的因素也会对新兴产业的创新绩效产生影响（陆国庆，2011）。相关研究中，肖兴志（2011）用 Tobit 模型分析了我国新兴产业的创新效率，认为我国新兴产业整体创新水平较低，国有产权与新兴产业创新效率呈现负向相关，私有产权与新兴产业创新效率呈正向关系；欧雅捷（2010）认为新兴产业发展的核心是技术产业化的实现，这依赖于创新系统的形成和发展，构建知识基础与建设技术体系是构建我国新兴产业创新系统的重要基础；吴绍波（2013）认为新兴产业创新生态系统的治理机制包括协商机制、声誉机制、信息披露和平台开放机制及信任机制等几方面；王红军（2013）设计了产业创新能力评估模型，并提出了提高战略性新兴产业创新能力的途径；李文元（2013）提出了衡量新兴产业开放式创新的三个维度：伙伴类型开放度、创新阶段开放度、研发战略开放度，并给出了新兴产业开放式创新的模式。

（4）技术标准化战略

技术标准通过影响技术创新的速度和方向，是推动形成技术发展的内在因素（David，1996；Jakobs，2000）。因此，实施技术标准化战略是新兴产业快速优质发展的重要手段。相关研究中，对新兴产业技术标准化战略的研究在数量上还非常少且在研究内容上比较宽泛，其中朱瑞博（2011）认为知识产权和技术标准是战略性新兴产业国际竞争的制高点，基于专利池构建的知识产权和标准竞争战略对新兴产业的发展至关重要；王立军等（2012）以云计算产业为例，研究了战略性新兴产业发展中技术标准竞争的重要意义和主要机制；庄英菊（2012）从国内外以专利为核心的知识产权战略布局、发挥知识产权制度激励和保护创新的功能、注重专利与标准的结合三个方面论述了战略性新兴产业发展中的知识产权问题；邓洲（2013）在分析技术标准导入和战略性新兴产业发展时指出，为了更好地在新兴产业领域培育自主技术标准，中国技术标准政策设计的关键维度包括：保护和发展用户基础、促进联盟的技术溢出、构建“长而窄”的专利保护体系；许楚江，曾英莉，谢萍慧（2014）认为新兴产业技术标准化的问题在于很多企业依然缺乏对标准地位和作用的认识，标准化意识不强和缺乏对标准化工作的组织管理；王珊珊、许艳真和李力（2014）对新兴产业技术标准化的过程、网络属性及演化规律进行了系统分析。

2.1.3　中国新兴产业发展现状

首先，中国战略性新兴产业发展的总体特点表现为：（1）新的增长点促进经济稳定发展。一是新兴产业产品的销售产值以两倍于工业总体产值的增长速度增长；二是新兴产业规模快速增长创造了大量的新就业岗位；三是从区域经济看，我国经济发达城市和地区的战略性新兴产业成为当地经济发展的先导性支柱产业；（2）新的政策规划营造了良好的宏观环境，一是从国家层面形成了多层次和全覆盖的七大战略性新兴产业规划体系，明确了国家发展的目标、重点任务和政策支持计划；二是全国各地方政府发布了战略性新兴产业发展规划或实施指导意见和推动新兴产业发展的扶持政策；（3）新的产业集群不断涌现：深圳的新型平板显示产业集群，河南的超硬材料产业集群，北京集成电路产业集群，黑龙江省的生物产业和高端装备制造产业集群，以及上海的软件和高性能医疗设备产业（国家发展改革委高技术产业司，2013）。

其次，中国战略性新兴产业的优质快速发展与“技术标准化”“标准先行”战略密切相关。一来，与传统产业比较，科技与标准的结合越来越紧密。科技研发周期在快速缩短，科技创新和技术标准研发由过去的两个阶段正在逐步融为一体，技术标准研制已经嵌入到科技活动过程中，为科技成果快速进入市场、形成产业提供了重要支撑和保障。从科技成果到产业发展、到市场，有产品的地方就需要标准，技术标准发挥着关键性作用。科技创新越来越需要技术标准的支撑，制定和实施技术标准本质上就是推进科技成果转化。标准在科技成果转化应用中起到了桥梁和纽带作用，是产业调整升级和创新发展的有力推手。二来，虽然我国战略性新兴产业总体上呈现“产业规模增长、经济效益良好、技术进步速度快”的良好局面，但是当前产业标准制定工作却难以跟上技术和产业发展的步伐，导致部分产业内企业竞争缺乏参照，无序竞争严重，这一现象已经在光伏生产、半导体照明等领域多次出现。长此以往，将影响新兴产业的质量（科技部，2013）。

最后，中国战略性新兴产业的发展是一项牵扯到产业各个环节、社会各方利益相关者的全局性、集体性的创新活动。一来，参与和推动新兴产业发展的行动者不仅仅是政府监管部门、企业，还包括来自高校、科研院所、国家工程技术研究中心、国家实验室等各个方面的组织，以及用户群体，为此形成了多行动主体参与的创新模式（王珊珊，王宏起，2012）。这是因为新兴产业中的创新不再仅仅是产品和技术创新，而是科学发现和科学技术的重大突破直接推动的产业创新。技术创新的复杂性和市场的不确定性，再加上我国企业创新研发能力缺乏，使得其他参与主体的创新作用无法忽视（洪银兴，2011）。二来，联盟合作组织成为各方行动者参与和推动新兴产业发展的重要组织模式，在技术转移和资源共享过程中发挥重要作用（李葳，王宏起，2011）。在战略性新兴产业发展过程中，联盟合作组织具有科层组织和网络组织的双重特性，不仅基于个体组织创新系统与社会系统相联结淡化了异质行动者之间的界限，还弥补了个体行动者单独行动时的创新能力不足，通过协同创新机制满足了战略性新兴产业要在关乎国计民生的核心技术领域实现创新的超常规发展要求。

2.2 技术标准研究回顾

2.2.1 技术标准概念

研究者在讨论技术标准时采用了多个术语。管理文献中经常出现的“主导设计”（dominant designs）这一术语，反映了最终取得市场主导地位的技术成为标准（Utterback & Abernathy，1975）。后续研究者基于这一术语对技术标准进行了大量研究（Murmann & Frenken，2006）。表示技术标准的另一术语是“平台”（platform），代表了复杂技术系统中用于实现不同技术单元之间兼容性、互操作性的中央技术架构（Annabelle & Cusumano，2002；Armstrong，2006；Eisenmann et al.，2006）。平台与主导设计、标准类似，其价值取决于平台提供的技术产品，以及该平台和其他兼容系统、子系统和服务之间的网络。Funk（2003）将标准定义为“界面/接口协议”（interface standards）。例如，手机标准是一种空中接口标准，定义了手机和基站之间的接口。而主导设计强调的是产品架构和技术解决方案。Srinivasan et al.（2006）用“标准”这一术语表示使得产品正常运转的技术规范，对需要和其他产品直接（传真机）或间接联系（电脑）或者要求互补性的产品而言（例如，DVD 产品），标准是不可避免的。在这个观点下，标准表现的是功能作用，和主导设计强调的市场接受度不同。不过，对某一些产品而言，主导设计和标准意义相同，甚至有一些产品只有标准而不存在主导设计。

在对技术标准现象进行的研究过程中，这些术语之间时有重叠，有的研究将标准和主导设计视为可以互换的、意思相同的两个术语（Anderson & Tushman，1990；Schilling，2002）。另外一些研究者则对其区分对待（Funk，2003；Gallagher，2007；Srinivasan et al.，2006）。例如，Suarez & Utterback（1995）试图区分主导设计和标准两个概念，标准是多个技术方案之间竞争的结果，而主导设计词义宽泛，代表任何在特定设计路线中建立了主导地位的技术；当然，二者在某些特定情境下类同。Gallagher（2007）试图区分主导设计（持久的架构）和标准（接口协议），他认为：（1）标准通常是主导设计的重要组成部分；（2）主导设计是事后公认的，而标准在事前或者事后公认时都存在。

2.2.2 技术标准的分类

法定标准和事实标准。法定标准（De－jure Standards）是由政府标准制定组织、政府授权的标准制定组织或社会公认的标准制定组织如：ISO/IEC、各国国家标准局等认定、发布和执行的技术标准，通过正式流程，达成共识的方式（Cargill & Bolin，2007；Simcoe，2007）。事实标准（De－facto Standards）是由单个企业或者具有垄断地位的极少数企业通过市场方式建立的标准，典型代表就是以Microsoft公司和力所形成的计算机市场上Windows操作系统和Intel微处理器共生形成的“Wintel”事实标准（闫涛，2008）。

强制性标准、推荐性标准和指导性技术文件。按照贯彻标准的体制和法律约束性，技术标准可分为强制性标准、推荐性标准和指导性技术文件。

国际标准、国家标准、行业标准、地方标准和企业标准。按照技术标准的使用范围，技术标准可分为国际标准、国家标准、行业标准、地方标准、企业标准（苗宗利，2013）。

基础标准、方法标准和产品标准。按照技术标准规定的内容，技术标准主要分为基础标准、方法标准和产品标准（闫涛，2008；张研，2010）。（1）基础标准，即对以标准化共性要求为前提条件的对象制订的标准。（2）方法标准，即以生产过程中的重要程序、规则、方法为对象的标准。如计算公式、工艺规程、作业指导书、试验方法、验收规则和包装、运输方法等。(3) 产品标准，即以产品及其构成为对象，对产品的质量和规格所作的统一规定，包括产品品种系列标准，如规定产品的分类、基本消费性能和直接反映使用价值的指标(如产品的精度、外观、成分、物理化学性能和机械性能等)。

前导型技术标准和后追型技术标准。按照技术标准形成于产品成形的前后，技术标准可以分为前导型技术标准和后追型技术标准（曾筱峰，2007；张研，2010)。前导型技术标准也称作预期技术标准，其特征为：产品市场调研与标准调研同步进行，在产品开发设计之前提出标准（试行）指导设计，在设计阶段结束时，经修改、完善颁布正式标准。后追型技术标准的特征为：产品完成开发设计，通过产品鉴定和小批试生产，在投入大量生产时，颁布并实施标准。

总体而言，现实情况比上述分类要复杂得多。尽管通过市场竞争产生事实标准近年来有递增的趋势，但法定兼容标准还是技术标准建立的主要方式。该过程可能首先由某一或某些主导企业或专业标准化机构先发起号召和吸收参与者，甚至动用政府力量来发起。

2.2.3 技术标准背后的产业特征

20 世纪 80 年代以来，随着信息网络、通信等高技术产业领域网络外部性的出现，技术标准在产业竞争中的地位日益凸显。这些产业存在一些典型特征：路径依赖、锁定、转移成本、正反馈、需求方规模经济、网络效应、顾客预期、临界容量、安装基础、技术标准、兼容、互补、互联。通过对这些经济学特征进行分析，可以更好地理解技术标准为什么产生，以及产业中企业之间或技术标准联盟之间展开技术标准竞争的现象。

理解路径依赖，关键在于其所隐含的两个重要特征——历史的重要性和不可逆转的选择。锁定体现了路径依赖的不可逆转性，其与转移成本相联系，当用户从一个系统（可能是一种技术、产品或标准）转换到另一个系统的转移成本高到转移不经济时，用户就面临着锁定。转移成本实际上是对路径依赖程度和锁定程度的衡量。正反馈使强者更强、弱者更弱。在一定的条件下，优势或弱势一旦出现，就会不断加剧而自我强，出现滚动的累积效果。正反馈以一种新的、更强烈的形式出现，它基于市场的需求方，而不仅仅是供应方，由于不断有更多的用户产生，形成良性循环就形成了需求方规模经济。当需求方规模经济作用很强时，消费者的预期是至关重要的，如何影响消费者预期则是商家尤其需要考虑的。

网络效应分为直接网络效应与间接网络效应。直接网络效应是指一种产品的采用者的效用大小依赖于其他采用这种产品的人的数量。间接网络效应则指与主导产品互补的辅助产品的发展会增加主导产品采用者的效用。网络效应的本质是需求方规模经济。网络效应要引发正反馈过程，必须达到一定的规模，也就是临界容量。

在产品（技术）竞争成为标准的过程中，顾客预期是关键，被预期成为标准的产品（技术）将更有可能成为最终标准。当网络效应很强时，产品（技术）预告可能与产品（技术）的实际推出一样重要。安装基础是一个与网络规模、锁定和转移成本相联系的概念，它反映的是某一产品的用户数量或是一个网络的加入规模，同时它又不仅仅是一个数量概述，如果已加入网络的用户转移成本很大，那么这个网络的现有安装基础就很大。

在信息经济中，由于网络效应和正反馈的存在，用户在购买时都希望选中拥有或未来将拥有最多用户的网络，也就是加入已经或将会成为标准的网络。而对于供应商来说，使自己的产品成为标准是其努力追求的目标。如果无法成为标准，供应商将退而求其次，试图使自己的产品实现与标准的兼容。通常，当组合两种产品用来提供服务或是从一种产品转移到另一种产品而不需要增加额外成本时称为两产品是可兼容的。产品之间的兼容性程度直接影响到该产品的网络效应的实现程度和范围。如果两种产品不仅兼容，而且其功能不同但能够结合使用，则称这两类产品是互补的。此外，当一家公司在网络中掌握了基础设施或瓶颈环节，别的公司要向消费者提供服务必须要通过这个瓶颈环节，这时就出现了互联情况。

2.2.4 技术标准化过程

在上述产业特征下，拥有技术标准的企业具有很大的产业主导权，可以获取巨大的市场收益，这些收益包括：因更大网络效应所提高的产品需求和消费者的支付意愿，授权使用标准的收益，以及对技术发展方向的主导和把握。为此，产业内的企业，尤其是领先企业，往往希望通过推动自己的技术或产品成为标准来获取先行者优势，实现上述收益。

一些研究者已经认识到技术标准对于企业和产业发展的重要性，对技术标准化现象展开了相关研究。技术标准化是一个过程，既包括新产品如何逐渐收敛到使用同一个技术上，即技术如何被选择成为标准，又包括形成后的标准如何推广和实施的过程（Katz & Shapiro，1986；Farrell & Saloner，1986；Farrell & Saloner，1988；Katz & Shapiro，1992）。按照国际标准化组织（ISO）的定义，技术标准化主要是对产业技术领域内应用的问题给出解决办法的活动，其目的在于获得最佳秩序。一般来说，包括制定、发布及实施标准的过程”。还有研究者认为，技术标准的制订、发布和实施等一系列活动过程被称为技术标准化，它涵盖从技术研究与开发、技术确立为标准直至标准采用、产品开发和技术扩散的完整过程（薛卫，雷家骕，2008；孙耀吾，赵雅，曾科，2009）。

相关研究中，孙耀吾等（2009）提出标准化的 R&D、技术标准和产业化三螺旋结构（孙耀吾，赵雅，曾科，2009）；Fomin et al.（2005）提出了技术标准化的动态过程模型，并利用 D－S－N 模型解释了电信行业标准化过程的进展。由于创新及技术系统进化过程遵循 S 曲线规律，因此一般认为，技术标准化的过程呈 S 曲线进化，然而基于网络经济和复杂网络理论的研究表明，事实标准的标准化进程并不总是遵循三阶段的 S 曲线。王珊珊和王宏起（2012）将产业技术标准化过程划分为标准形成、产业化和市场化三个阶段。

技术标准化过程和效果受到了很多因素的影响。市场因素包括技术发起人、安装基础、企业战略选择、网络结构、竞争强度、转换成本等因素。组织因素包括占据主导地位利益相关者、标准工作组管理者、标准制定组织等，例如，基于技术标准化过程和利益相关者角度，Rodon et al.（2007）分析了 B2B 标准化过程，提出技术标准化的关键因素是占主导地位的利益相关者和标准工作组管理者；姜红等（2010）认为企业、企业联盟、消费者、政府以及标准化组织等社会参与机制对技术标准的形成有重要作用；Leiponen（2008）指出，随着标准竞争的激烈化，越来越多的企业参与到标准制定组织中联合制定技术标准，联盟机制对于推动技术标准化至关重要。此外，制度因素包括国家层面的产业技术政策、竞争政策都对技术标准化过程产生了深刻影响。例如，Lee et al.（2008）对比了我国的 WAPI 标准和韩国的 WIPI 标准发现，不同的开放程度导致了两者技术标准化进程的差异。

2.2.5　技术标准化的组织研究

技术标准化现象在经济学（Blind，2004）、社会学（Timmermans & Epstein，2010），政治科学（Kerwer，2005）、信息技术（Jakobs，2006）、历史（Russell，2005）和法律（Karmel & Kelly，2009）等学科领域都有讨论。这些学科对于技术标准化的研究揭示了种类繁多的相关经验现象和理论框架，但是其中大部分理论成果没有在组织研究中得到充分利用。这种广泛的观点往往会导致人们对技术标准化产生一种模糊、很难把握的印象。而技术标准化的组织研究则弥补了这一缺陷。

技术标准化的组织行为研究归为三个方面内容（Brunsson，Rasche & Seidl，2012）：

（1）个体组织的标准化。即在实施过程中，技术标准为何被采用、扩散、实施、规避和修正。这个视角的研究问题是，既然没有法律对标准的不采用者进行制裁，为什么标准会被个体组织采用?

制度主义者和经济学家分别对该研究问题进行了讨论。基于制度理论的研究者认为，技术标准之所以被采用和扩散，是迫于来自强制性、规范性和模仿同构性的压力（DiMaggio & Powell，1983）；其中强制性来自国家、民间组织或者其他企业；而专业化可作为规范性压力的来源，模仿同构压力来自一个组织对其他组织的模仿习惯。经济学家认为，技术标准之所以被采用，是因为技术标准可以提到效率；他们认为，技术标准的采用者遵守标准，是为了与网络外部性相联系（Katz & Shapiro，1986）。另有研究者认为，采用技术标准导致企业更高的运作绩效（Stigzelius & Mark - Herbert，2009），企业采用质量标准可减少产品返工率（Nair & Prajogo，2009）。制度理论主义者和经济学家对于技术标准采用的解释被纳入一个两阶段模型，即技术标准的早期采用者是为了获取经济效率，而后期采用者是为了获取制度上的合法性。这个视角的另一个研究方向，即讨论解耦管理决策（decoupling management decision）。研究表明，当环境预期与组织内部管理者利益和资源发生冲突时，解耦现象就会发生；解耦可能在以下情况发生，即组织对合法性有需求，但是组织内部执行标准的能力有限。例如企业可能为了合法性而采用技术标准，但是采用技术标准可能会降低该企业的效率；因此，有研究显示，企业面对外部环境的压力可能象征性的采用技术标准，但是实际上的实施行为很弱（Christmann and Taylor，2006）。虽然有很多研究者界定了导致这一现象发生的原因，但是相关实证研究还是很少。

（2）标准制定组织模式下的技术标准化，即大部分技术标准的制定、扩散和修正是标准制定组织模式下的产物。国外文献中对这类专门从事标准研制、修订的专业组织使用了众多词汇进行描述和定义。这一视角下的研究回答的研究问题是：标准制定组织作为一种特殊的组织类型，是如何兴起以及如何运作的（Botzem & Quack，2006；Sahlin – Andersson，2000；Simcoe，2012）。这一部分的文献回顾在下一节详细展开。

（3）技术标准化作为一种管制手段。在这一视角下，技术标准化可以作为一种社会的辅助机制。这是因为技术标准已经成为当代社会的重要部分。例如研究者分析创建国家标准的原因在于：企业内部和企业之间存在对技术标准的需求，即技术标准作为一种共同的规则，是实现组织和管制的有力措施（Russsel，2005）。不过技术标准化只能部分实现这种组织和管制功能，虽然技术标准包含了作为制度的一个重要特征——规则，但是技术标准缺乏其他特征，如等级权威，只能实现局部组织和管理作用（Ahrne Brunsson，2011）。

第一，有研究者认为，技术标准是组织市场的有效形式。国家乐于制定标准一方面是因为标准能够减小买方和卖方之间的信息不对称（Akerlof，1970）。而且，标准可以让企业的产品和服务成为一种标杆，顾客愿意接收此类信号；因而帮助企业减少顾客不确定性和增加重复购买行为。其次，标准有助于不协调的系统组件之间的兼容和协调，有助于不同市场行动者的交流和联盟。

第二，有研究者认为，标准是制度变革的有效形式。标准是挑战制度的强有力的工具。源于社会运动的标准和标准化就是一个案例。在全球咖啡行业中，许多利益相关者为了确保咖啡的可持续采购而努力创造标准（Kolk，2005），这些标准挑战了现有跨国公司的利益，这些标准制定者也可称为“制度创业者”。

第三，有研究者认为，标准在国际管制中作用重大。大部分国家法律法规的使用范围具有国家和区域限制性，唯有标准是可以在世界范围内通用和作为国际管制机制的基础。因此标准在政府间管制较弱或者几乎不存在管制规则的全球治理领域广泛兴起，比如二氧化碳排放（Kolk，Levy & Pinkse，2008）、劳工法（Clapham，2006）、海域捕鱼法（Gulbrandsen，2012）等等。

2.3　标准制定组织研究

国外文献对标准制定组织有诸多定义和描述，比如行业协会（Industry Association），标准联盟（Standards Consortia，Leiponen，2008），标准起草组织（Standard – writing organizations，David & Greenstein，1990），标准委员会（Voluntary Standards Committees，Weiss & Sirbu，1990），标准制定联盟（Standards Setting Alliances，Axelrod et al.，1995），合作技术组织（Cooperative Technical Organization，Rosenkopf and Tushman 1998），标准开发组织（Standard Developing Organizations，ZHAO，Shaw and XIA，2005）等，都是以标准为契机、以合作参与的方式开展标准研制工作的合作组织。根据上述定义和描述，本研究中将此类组织统一定义为标准制定组织，是指“行动者间基于协调、沟通或政治协商方式，基于正式或非正式的协议自发地开展制定、修改或扩散标准等技术标准化活动的合作组织”。

伴随着中国情境下越来越多的行动者参与新兴产业技术标准化的新行动，以技术标准化为契机构建的合作组织大量兴起。由于与技术标准化相关的合作组织现象纷繁复杂，国内文献中描述此类组织现象的相关术语有“技术标准联盟”“产业（技术）联盟”“专利联盟（专利池）”“行业协会”“标准化组织”等。代升华、张平（2005）总结技术标准联盟的内涵时认为，技术标准联盟是企业围绕技术标准形成的一种战略联盟；产业（技术）联盟是采取标准先行的路径，在确立标准之后不断开发专利和健全技术标准体系。产业（技术）联盟的主要任务是解决产业技术创新的关键问题和突破产业发展的核心技术（王珊珊，王宏起，2012；许艳真，2014）；专利联盟，也被称作专利池（patent pool），是技术标准实施的重要载体（冯永琴，2012）。行业协会是一些为了达到共同目标而自愿组织起来的同行或商人的团体，在技术标准形成、推动技术标准发展等和国家技术标准竞争能力方面发挥了主导作用（吴慧娟，2009）。郭玲（2007）将标准化组织定义为从事制定标准工作的专业组织。但是没有研究对上述不同类别组织运作机理之间的共性和区别进行梳理。

从总体上讲，对标准制定组织的研究依然是在新兴产业发展和技术标准化的框架下进行探讨，对标准制定组织的国内外研究涉及以下三个主要问题和观点：①关于标准制定组织产生原因与目的的研究；②关于标准制定组织运作与治理的研究；③关于标准制定组织绩效的研究。

2.3.1 标准制定组织产生原因与目的的研究

标准制定组织产生原因与目的是分析标准制定组织时首先要面对的问题。对于这一问题的研究，国内外文献非常丰富，对标准制定组织在应对技术、产业特征和制度环境特征方面的必要性，以及推动产业发展、推动技术标准确立和扩散等方面的重要性给出了一致肯定。

标准制定组织的产生受到技术体制、制度环境的影响。技术体制因素主要表现为两个方面，即开放系统和技术的复杂性。开放系统概念最初源于电信市场，所有参与的供应商必须遵守一定的标准来实现互操作性，因而需要标准制定组织发展适当的标准（Weiss & Cargil，1992）。技术的复杂性是指技术体制涉及的要素越来越多，包括嵌套的平台、子系统和组件；越来越复杂的技术体制使得开发和推广标准需要多元主体的合作努力，包括内部创新和开放式创新的企业、核心元件制造商、政府、行业协会（Lee & Kim，2001；Murmann & Frenken，2006）。而标准制定组织是实现多元主体集体行动的有效组织形式。在网络型产业中，由于技术标准联盟突破了规模经济的思想，因此经济学家认为网络效应是导致标准制定组织产生的直接原因（Katz & Shapiro，1985；Farrell，et. al.，1986；Baptista，1996；Lin，2003）。制度环境因素表现在，技术政策和标准制订计划背后的一个主要动机，是实现诸如保护国内就业和减少依赖外国的国家目标（David & Steinmueller，1994）。政府倾向于使用标准作为工具达成这种目标，并且在标准化活动中发挥积极作用（Bar& Borrus，1987；Hart，1998）。除了政府政策，行业协会、专业技术标准化机构对于形成标准制定组织的重要性不容忽视（Hess & Kemerer，1994）。通常为了支持标准化活动，很多行业建立了相关的专业委员会，对行业层面的标准化工作进行协调（Steinfield，Markus & Wigand，2005；Wigand，Steinfield & Markus，2005）。Cainkofa（1992）把技术标准联盟产生的目的归纳为八个方面：①填补市场的技术空白；②处理多余的生产能力；③降低风险和市场进入成本；④加速产品开发；⑤实现规模经济；⑥克服法律的贸易壁垒；⑦扩大现有业务范围；⑧降低退出行业成本。

与国外学者的观点基本相同，国内学者从分散风险、互补优势、网络效应等角度对技术标准联盟产生的原因与目的进行了分析。例如谭静（2000）认为标准联盟可以分散标准化风险，为联盟成员创造“先动者优势”。曾楚宏和林丹明（2002）认为在标准竞争中，企业通过组建战略联盟实现优势资产组合；李维安（2003）认为，企业战略联盟形成的原因包括：在联盟中共享资源或业务行为，在联盟中共享知识和技能，在联盟中共同分担风险，在联盟中实现组织成员之间的相互学习和技术创新。韩文慧（2009）将技术标准联盟的组建原因归纳如下：①分散标准化风险，②扩大标准范围和安装基础，③创造顺轨创新效应（所谓顺轨创新就是顺沿着企业的技术轨道进行技术创新，使企业的技术创新呈现连续性、衍生性和有序性）；刘慷（2011）将企业组建技术标准联盟的原因总结为节省交易费用和合作竞争。

2.3.2　标准制定组织运作与治理的研究

国内外对标准制定组织运作与治理的研究都十分丰富，基于不同的关注点产生了多个话题。

（1）标准制定组织的分类

国外研究在这一话题上产生的讨论比较全面，国内研究主要对技术标准联盟进行了探讨，为数不多的几篇文章中描述了技术标准联盟的运作模式。

标准制定组织的早期文献首先探讨了传统的标准制定组织，比如国际标准化组织（ISO）、国际电工委员会（IEC）和国际电信联盟（ITU）、美国国家标准学会等国际、国家标准制定组织（Brunsson，Rasche &Seidl，2012）。传统的技术标准制定组织被描述为一种协会组织，其成员来自企业、行业组织、民间团体和政府（Farrell & Saloner，1988）。例如，ISO 的标准是由不同专业工作组构成的技术委员会制修订的（Tamm Hallström，2004）。大部分成员是标准采用者，不过也有在特定的标准和领域具备专业技能的其他组织或者个人。也有标准制定组织的会员范围很窄（例如，行业联盟参与标准制定，Leiponen，2008）或者没有正式的会员（Holmblad & Brunsson，2008）。

鉴于对上述标准制定组织现象的分析，后续研究者逐渐形成了对正式标准制定组织和非正式标准制定组织的研究。所谓正式标准制定组织，它们不是政府部门和具有监管权力的机构，而是得到官方支持、社会广泛认可的以自愿参与和共识方式形成标准的非营利性组织，多存在于在国际、国家和区域层面，例如ISO/ITU等（ZHAO，XIA and Shaw，2005）；而非正式标准制定组织，即有很多标准制定主要是产业间、企业间非正式的合作形式展开，以标准为纽带建立的联盟，包括企业技术标准联盟、标准论坛和行业联盟（Blind，2008；Leiponen，2008）。

David & Shurmer（1996）认为正式标准制定组织的基本功能是提供一个论坛，就竞争的技术方案进行协调，开发标准的技术规范。正式标准制定组织为参与其中的行动者提供了信息沟通的渠道和提供一个协商和共识机制。正式标准制定组织的层级组织结构主要包括确定标准制定组织的战略目标的联合大会（GA），负责制定具体的工作计划的技术联合会（TA），起草标准规范的技术委员会（TC）。TC下面由工作组（WG）和次级委员会（SC）组成，分别承办工作的不同方面。技术委员会和SC/WG所承担的工作，即在现有技术和开发新的规范之间进行选择和协调。正式标准制定组织形成了以下原则：一是正式程序。因为正式标准制定组织的主要任务是建立共识，因此强调一个正式的内部组织程序；二是公平和透明度。正式标准制定组织本着公平、透明的原则和程序运作，而且基于一视同仁原则对所有愿意参与者开放；三是共识。正式标准制定组织的输出就是共识，而且尽可能的是所有利益相关者意见的共识。决策是在全体一致的基础上产生，特别是在技术委员会层面；四是自愿性。所有的参与者都是自愿参与。

Hawkins（1999）的研究中，大多数对非正式标准制定组织的评论，往往是把它作为在国际、国家和区域标准制定组织中进行的正式标准化过程的补充或替代。有一些联盟工作配合正式标准制定组织，许多正式标准制定组织和某些标准联盟有合作协议，目的是使得它们的标准制定过程更加有效和适应行业需求。但是技术标准联盟本身创建的是一个彼此隐性和显性合作的复杂网络，大部分联盟明确撇清和标准制定的关系。他们在自己和正式标准制定组织之间划了一条界线，他们认为正式标准制定组织输出的主要是传统意义上的标准，发布的标准是正式标准制定组织的最终产品。大部分联盟将技术规范相关的活动（标准化活动）视作其实现符合市场需求的技术协调工作的一部分，然而联盟的议程远远不止标准制定工作。对联盟而言，理想的最终产品是技术协调之后的市场细分。联盟的目标是，使用技术创建商业社区（business communities）。这些差异是微妙的，但是在解释企业为什么重视和参与联盟等正式标准制定组织中的协调活动时至关重要。

Blind（2008）认为，非正式标准制定组织的兴起是来自技术变革和越来越短的产品开发周期的要求。产品开发周期缩短，要求标准能够尽快出台，因此需要一个更加简短、灵活的标准化过程，而正式标准制定组织由于繁琐的程序无法满足这一需求，从启动标准化活动到最终形成标准文档发布通常需要好几年，这导致大量非正式标准制定组织出现（Blind，2004）。基于正式和非正式标准制定组织的分类，Blind（2008）比较了两类组织模式下标准化过程的特征。正式标准制定组织中的标准化过程通常表现为：开放和达成共识的过程，可能导致冗长的决策程序；只有在国家层面有企业直接参加；知识产权政策必须遵循公平合理和无差别待遇（FRAND）许可规则。非正式标准制定组织中的标准化过程表现为：大多数情况下是封闭的过程，允许快速决策；大多数情况下企业主要参加非正式标准制定组织的标准化活动；根据参与者偏好、技术和市场环境，拥有非常灵活的知识产权规则，允许最优开发他们的知识产权。该研究同时认为，专利活动会影响标准化活动。标准化领域需要一个协调知识产权和标准化政策的良好机制。

国内研究主要探讨的是如何在中国情境下组建企业标准联盟，认为技术标准联盟主要是少数核心企业组建的联盟，外围企业是标准的使用者，具备以下特点：①组织结构的半开放性。技术标准联盟的核心层成员仅限于少量的公司，这层结构是封闭的，而对于要加入联盟接受该标准的成员来说，联盟又是开放的。因此联盟应增强其开放性，吸引尽可能多的外围企业使用联盟标准，以扩大标准的安装基础。②松散的契约型联盟。技术标准联盟是介于市场和科层之间的一种组织形式，其治理结构是一种契约型治理结构。企业享有的共同技术标准是联盟存在的基础，是连接联盟成员的纽带，也是促使企业成立与参与战略联盟的重要动因（代升华，张平，2005）。③竞争的双重性。联盟间竞争与联盟内竞争并存是技术标准联盟的重要特点。联盟间竞争主要在于争夺更多的支持者，如供应商、客户和提供互补产品与服务的公司。而联盟内竞争则主要发生在当标准已经占据一定的市场时，这时联盟内企业之间会为了产品市场或基于标准的知识产权带来的利益而展开竞争（Keil，2002）。④网络外部性效应。网络外部性效应分为直接网络效应与间接网络效应。直接网络效应是指一种产品的采用者的效用大小依赖于其他采用这种产品的人的数量。间接网络效应则指与主导产品互补的辅助产品的发展会增加主导产品采用者的效用（Keil，

2002)。当一种技术标准得到少数重要企业的采用之后，越来越多的其他企业也不断追捧，直至这种技术标准在市场上获得主导地位。技术标准联盟的这种网络外部性效应是其发展过程中的重要特点，对标准推广意义重大（杜伟锦，韩文慧，周青，2010)。

（2）成员选择标准

国外研究中，在分析技术标准联盟失败是什么原因造成时，学者们普遍认为技术标准联盟作为战略联盟的一种特殊形式，联盟成员选择是重要因素之一（见表2－1)。Limmerick & Cunnington（1993）认为联盟成员需要在以下方面保持协调，包括贡献的对称性，技术的兼容性，决策系统管理风格和价值的兼容性。Sierra（1995）建议用“3C（兼容性、能力、承诺)”思想来选择联盟伙伴，其中兼容性指联盟内各成员在经营战略、经营方式、合作思路、组织结构和管理方式等方面保持一致；能力包括敏捷性、意愿性和能力三方面；承诺指相互承担一定的义务和责任，以弥补联盟各成员在内部资源和经营目标方面的差距。Brouthers（1995）认为技能互补、合作文化、兼容的目标和风险水平是选择伙伴时需要考虑的因素。Fauckner（1997）认为选择正确的联盟伙伴需要考虑两个要素——合作伙伴之间的战略协同和文化融合。战略协同要求成员拥有互补性资源，通过产生协同效应实现联盟的战略目标；文化融合要求成员适应和认同各方的文化差异，避免联盟伙伴之间的道德风险和摩擦。

国内研究中，廖琳武等（2003）提出联盟合作伙伴选择需要考虑的因素包括企业的生产设备水平、生产能力、产品质量、服务质量、信誉、文化融合、敏捷性和地理位置。郭军灵（2003）认为联盟伙伴选择的标准包括：①联盟成员之间互补性竞争优势和互补性资产；②联盟成员之间的力量平衡；③联盟伙伴的企业文化相类似。华金科、曾德明（2007）认为联盟伙伴选择是技术标准联盟成功的关键，将兼容性、信息化、研发能力、市场能力和技术标准能力作为伙伴选择的指标体系。张琰飞（2006）从技术标准联盟伙伴选择、能力评价、利益协调风险控制等四个方面研究了ICT企业技术标准联盟。华金科（2007）利用层次分析法研究了企业技术标准联盟伙伴选择的评价指标体系。韩文慧（2009）在多位学者研究的基础上，将企业声誉、兼容性和技术标准化能力作为联盟伙伴选择的三个维度指标，其中企业声誉反映出一个企业在管理、技术水平和资金等方面的状况，兼容性是指企业与其他联盟伙伴的互补性和相似性，技术标准化能力是指企业的研发能力、市场能力、渠道网络能力、行业影响力、国际化能力和政府公关能力等。

表 2－1　　　　成员选择影响因素的文献观点归纳

文献来源和年份	主要影响因素	联盟类型
Sierra（1995）	兼容性、能力、承诺	战略联盟
Brouthers（1995）	技能互补，合作文化，目标兼容和风险水平相当	战略联盟
David & Fauckner（1997）	伙伴之间的战略配合 伙伴之间的文化配合	战略联盟
Mowery（1998）	技术资源的相似性	战略联盟
Pan（2000）	公司规模，风险，外部关系	合资企业
Nijssen（2001）	先前活动，高层管理者参与，规范化，合作经验	技术联盟
沈斌（1999）	加工能力，质量，成本，信誉，运输费用，交货期	制造合作伙伴
冯蔚东（2000）	成本，反应时间，运行风险	动态联盟
李全龙（2001）	成本，时间，质量，可靠性	动态联盟
袁磊（2001）	①硬指标：互补的技巧，市场状况、潜在伙伴的财务状况，管理哲学，企业规模 ②软指标：融洽性，互补性，文化，信任，承诺，互补性的竞争优势，互补性的资产	战略联盟
郭军灵（2003）	①互补性竞争优势和互补性资产②联盟成员之间的力量平衡③企业文化相类似	技术联盟
张琰飞（2006）	①候选伙伴的能力②候选伙伴的兼容性③伙伴的合作意愿④对伙伴的信任程度	信息产业技术标准联盟
袁钦华（2007）	兼容性，互补性，可信度，知识吸收能力，知识产权	知识联盟
孙东波（2007）	相似性及实力对等，资源及政府关系互补性，关系融洽性，技术与市场优势互补性	战略联盟
华金科 & 曾德明（2007）	兼容性，信息化，研发能力，市场能力，技术标准能力	技术标准联盟
韩文慧（2009）	企业声誉、兼容性和技术标准化能力	技术标准联盟

（3）成员伙伴关系

成员选定之后，在标准制定组织中应该建立什么样的成员关系以及如何维持成员关系成为下一个研究话题（见表 2－2）。

国外研究中，Heide & John（1992）将联盟中的成员关系描述为一种具有灵活性的、进行积极主动的信息交流和团结一致的合作关系。Burnes & Whittle

(1995) 认为成功的联盟成员关系体现在：①成员能长期投入，积极主动；②成员都集成关键业务活动，致力于发展和维持紧密合作关系；③能够明确地确定成员的成本、价格和利润；④全方位的持续改进；⑤双赢的理念。Dyer (1998) 从三个方面描述联盟成员关系的内涵：①共享信息和协调相互依赖的活动；②投资于关系专用型资产；③依靠信任治理关系。Monczka (1998) 认为联盟成员之间的关系应是一种相互依赖，密切的组织合作，不断提高的信任水平和不断增强的信息共享趋势。James (1999) 从以下方面描述联盟成员关系的特点：高度的相互依赖，不断地投入，很少采用正式合约或法律执行手段，长期合作和忠诚，公司之间的边界变得模糊。Ghosh & John (1999) 认为联盟基于创造整体价值和利益分享两个方面建立成员关系，联盟成员关系要防范机会主义的破坏。Klijn (2000) 认为联盟中成员关系体现为：依靠合作和依赖，实现互利互惠，享有共同目标和准则。

表 2-2　成员伙伴关系文献观点归纳

文献来源及年份	对伙伴关系的描述	研究情境
Heide & John (1992)	具有灵活性的、进行积极主动的信息交流和团结一致的合作关系	战略联盟
Burnes & Whittle (1995)	①成员能长期投入，积极主动 ②成员都集成关键业务活动，致力于发展和维持紧密合作关系 ③能够明确地确定成员的成本、价格和利润 ④全方位的持续改进 ⑤双赢的理念	战略联盟
Dyer (1998)	①共享信息和协调相互依赖的活动②投资于关系专用型资产③依靠信任治理关系	战略联盟
Monczka (1998)	认为联盟成员之间的关系应是一种相互依赖，密切的组织合作，不断提高的信任水平和不断增强的信息共享趋势	战略联盟
Ghosh & John (1999)	认为联盟基于创造整体价值和利益分享两个方面建立成员关系，联盟成员关系要防范机会主义的破坏	战略联盟
Klijn (2000)	认为联盟中成员关系体现为：依靠合作和依赖，实现互利互惠，享有共同目标和准则	战略联盟
李华焰 (2000)	①成员间高度的信任机制②有效的信息共享③供应方直接参与买方的产品研发，共同寻求解决问题和分歧的途径	战略联盟

续表

文献来源及年份	对伙伴关系的描述	研究情境
陈琦（2001）	①高标准的信任和合作关系②共享信息的高度信赖关系③不断降低供应品的成本和提高质量的契约关系④长期共识，超越合同约束	战略联盟
吴士元（2003）	认为联盟成员关系是战略联盟之间为了达到预期合作目的产生的合作关系，涉及联盟成员之间的文化协同、沟通、信任和忠诚，以及利益分配关系	战略联盟
韩文慧（2009）	提出了联盟成员关系的三个维度——信任、承诺和依赖性	技术标准联盟

国内学者紧随国外研究的脚步，对联盟成员关系进一步探讨。李华焰（2000）认为联盟成员关系应该表现为：①成员间高度的信任机制；②有效的信息共享；③供应方直接参与买方的产品研发，共同寻求解决问题和分歧的途径；④目标是实现多赢。陈琦（2001）将联盟成员关系的内涵描述为：①高标准的信任和合作关系；②共享信息的高度信赖关系；③不断降低供应品的成本和提高质量的契约关系；④长期共识，超越合同约束。吴士元（2003）认为联盟成员关系是战略联盟之间为了达到预期合作目的产生的合作关系，涉及联盟成员之间的文化协同、沟通、信任和忠诚，以及利益分配关系；韩文慧（2009）在综合多位学者研究成果的基础上，提出了联盟成员关系的三个维度——信任、承诺和依赖性。实证结果表明，信任关系、承诺、依赖性对技术标准联盟绩效均有显著的促进作用，而联盟绩效又对伙伴依赖性具有重要的影响。研究者对我国技术标准联盟伙伴关系的管理提出了如下建议：选择有良好声誉的联盟伙伴，联盟伙伴之间具有兼容性，以及加强联盟伙伴的沟通和信任，建立动态的绩效评估体系。

（4）参与方式与策略

对于这一问题的研究，国内目前相关文献极少，国外学者对此有一些研究。国外研究中，早期的学者在分析技术标准化中的行动者时，例如 Weiss & Toyofuku（1993）定义了标准开发过程中存在的两类采取“搭便车”策略的行动者。第一类搭便车策略是组织不参与产业标准开发工作，等着从开发出来的标准中受益；第二类搭便车策略是组织会缴纳会员费用和选派代表参加标准制定组织的工作会议，以便观察或者提前获取标准信息。Leiponen（2006，2008）认为成员在正式标准制定组织技术标准开发过程的策略和行为有很多种。企业代表可通过参加投票、建立共识的会议等方式，对技术规范草案的内容产生影响；企业代表还可以选择承担工作组领导职位，或者对技术规范做出更改/修改要求。以上每种影响标准开发过程的方式，需要不同的资源，也会产生不同的影响。例如，派代表出席会议和在会议上投票只需要财务和人力资源，对标准技术规范做出贡献则还需要专业技术；而对于在委员会中担任主席的成员，专业技术、领导能力和谈判技巧都是必要的。对现有技术规范做出成功的变更请求，可能还需要政治资本、市场力量或者其他形式的组织间权力（Spring，et al.，1995）。

（5）标准开发过程

国外研究针对这一话题产生的文献十分丰富，从不同学科角度描述了标准制定组织中的技术标准化过程，并且基于动态机制探讨了技术标准开发过程和标准的潜在效益之间的关系，以及标准行动者网络和标准发展之间的互动（Dokko & Rosenkopf，2010；Botzem & Dobusch，2012；Jan van den Ende et al.，2012）。

在探讨标准开发过程时，经济学家假设行动者是理性决策者，标准制定组织是行动者之间解决冲突的方式，是一个两方协商的场所。比如 Farrell（1996）基于理性博弈理论将标准开发过程视作两个竞争标准的发起人之间的“消耗战”。每个发起人偏好自身支持的标准被选为主导设计，并且对该标准的质量拥有私人信息。Farrell & Simcoe（2008）将达成共识的标准开发过程设计为一个完全信息的随机讨价还价的博弈模型。

而管理学、社会学研究者认为经济学视角的研究主要采用博弈理论将标准开发过程模型化，忽略了影响行动者决策的社会机制，因而只是部分展示了标准制定组织中的标准开发过程。实际上，标准制定组织作为多个组织集体行动的场所，组织层面因素使得标准开发过程充满冲突且十分复杂（Ghoshal and Moran 1996；Granovetter 1985，1992）。综上所述，如果说经济学理论回答了标准制定和决策过程的可能结果是什么，那么社会学理论回答了为什么这个过程发展有着这样或那样的路径。Brunsson，Rasche & Seidl（2012）认为标准制定组织模式下的技术标准化过程是一个充满冲突和政治特色的复杂过程。标准制定组织面临赋予合法性的挑战，特别是当他们不具备任何法律权威的情况下。在研究标准开发过程的动态机制时，Dokko & Rosenkopf（2010）研究了美国无线通信行业，调查员工工作流动对技术标准制定委员会中企业的影响。在标准开发过程中，企业雇佣社会资本丰富的员工，会增强其在标准制定委员会中的影响力。这类员工的流失不会直接影响标准制定中企业的社会资本或者企业对标准制定的影响能力；但是它会影响企业的社会资本和影响企业经营战略。Botzem& Dobusch（2012）基于标准制定组织的两个案例研究，探讨了行动者参与标准开发过程和标准的潜在效益之间的关系。更多的行动者参与标准制定过程增强了人们对标准的合法性感知，即研究者描述的“输入合法性”；标准的效果和协调能力越好则加强了人们对标准的合法性感知，即研究者描述的“输出合法性”。标准制定的这两个方面之间有一种递归关系，随着时间的推移，输出合法性可能比输入合法性更能影响标准的采用，而标准制定过程中行动者之间的包容（inclusive）和排斥（exclusive）也会出现转移。

2.3.3　标准制定组织绩效的研究

如何评估标准制定组织的绩效？国外文献对这一块有较为深入的研究，国内文献则相对较少。

关于标准制定组织的绩效衡量标准，国外文献中提到了两种评价标准：

（1）客观评价标准，包括标准发布的速度和标准扩散过程中的渗透率。标准发布速度，也可以说标准开发过程的速度和效率，可统计标准制定组织每年提交的标准组件的数量。标准的市场渗透率，即统计行业中采纳和实施标准的目标受众数量。它反映了标准制定组织开发的标准在市场上的成功和产生的影响力，该测量指标也反映了标准的质量（Crowston，et al.，2003）。Farrell（1996）使用博弈理论模型，展现了标准制定组织参与者的既得利益如何导致标准化的延迟和影响标准的质量。为了改善标准制定组织绩效，研究者推荐了以下战略：①提早标准化；②频繁地召开会议；③改变投票规则。研究还表明，标准制定组织中的相关参与者，技术重点和内部流程同时影响其绩效（速度和质量）。Simcoe（2003）也使用标准制定过程的速度来测量标准制定组织绩效认为，企业既得利益对标准制定过程的影响不可避免。基于对几百个 IEIF 标准的标准制定过程的分析，研究者提出了与标准制定过程的持续时间相关的两个因素：①大量的商业参与者，作为技术成熟度的代表；②在提交为标准的材料中存在知识产权。当标准制定组织面临更高的商业压力和存在知识产权时，标准制定组织效率更低。

（2）主观的测量标准，即参与者对标准制定组织的满意度。参与者愿意在标准制定组织中的投入资源的前提是，能够从标准制定组织的工作中获益。参与标准制定组织的早期经历，也将对未来参与产生影响。除了创建公平、开放的内部流程和保持畅通无阻的沟通渠道，标准制定组织还需要特别注意标准的实施情况。标准制定组织中的主要参与者，也将是标准的使用者。大多数标准制定组织会为其成员单位提供标准实施指南和一致性测试服务。有些标准制定组织（例如 CDISC，FPML）为成员单位提供培训项目。有的标准制定组织对成员单位进行案例研究。新兴产业标准制定组织服务于不同的行业，行业环境特征也将影响标准制定组织的绩效（Jain and Zhao，2003）。总体来说，基于这一标准测量标准制定组织绩效的实证研究非常少。

国外文献还比较了不同类别的标准制定组织的绩效。例如，Kreshmer（2000）对传统的正式标准制定组织和市场导向的标准联盟进行了多方面对比。研究者认为标准联盟等非正式标准制定组织较于正式标准制定组织而言在发展标准时更为迅速。

国内文献对标准制定组织绩效的研究，一是根据战略联盟绩效的相关指标评价技术标准联盟可能给企业带来的绩效方面，二是评价技术标准联盟的市场绩效，衡量技术标准联盟对整个市场绩效的影响，包括技术创新，研发绩效和市场配置效率（刘慷，2011），韩文慧（2009）采用 Das& Teng（2000）的主观指标测量技术标准联盟的绩效，测量了销售额、运营成本、技术交流学习、降低开发风险等维度。

2.4 对已有研究的评述和待研究问题

新兴产业发展的现有研究表明，战略性新兴产业是在国民经济中具有重要战略地位的产业和具备了高度的不确定性，而推动战略性新兴产业发展的途径主要体现在培育模式、政府政策、产业创新和技术标准化战略方面。结合我国战略新兴产业发展现状的特点看，战略性新兴产业发展的质量与技术标准化密切相关，战略性新兴产业发展还是一项牵扯到产业各个环节、社会各方利益相关者的全局性、集体性的创新活动，这一特点也体现在技术标准化领域。对新兴产业技术标准化的研究在数量上还非常少和在研究内容上比较宽泛。基于新兴产业的高度不确定性和多元主体协同特征，对于新兴产业技术标准化如何组织和发展缺乏深入的探讨。

国内外关于技术标准领域的研究回答了三大基本问题——"是什么""为什么"和"怎么做"。对于前两个问题技术标准"是什么""为什么"国内外研究已有了较为清晰地界定或认识。本书认为技术标准的概念演化和分类反映了技术标准在形成机制、体制和法律约束性、使用范围以及形成路径等方面的特征（"是什么"），技术标准的产业特征则回答了正是由于信息化和全球化大规模制造的发展，网络型产业存在路径依赖、锁定、转移成本、正反馈、需求方规模经济、网络效应、顾客预期、临界容量、安装基础、技术标准、兼容、互补、互联等特征和发挥作用（"为什么"），技术标准产生并在具备网络外部性的产业竞争中越来越受到重视。

伴随"技术标准该如何产生（怎么做）"这一研究问题，相关研究探讨了技术标准化的相关话题，包括技术标准化过程、影响因素和技术标准化的组织研究。技术标准化的组织研究回答了三个方面的问题：（1）既然没有法律对标准的不采用者进行制裁，为什么技术标准会被个体组织采用？（2）大部分被制定、扩散和修正的技术标准是标准制定组织模式下的产物，那么标准制定组织作为一种特殊的组织，是如何兴起以及如何运作的？（3）标准作为一种组织功能（organizing）的特殊形式是如何发挥作用的？

关于技术标准化组织研究的三个方面中，标准制定组织被认为是技术复杂性和开放式创新环境下产生技术标准的重要组织模式，因此标准制定组织研究是一块国外研究中讨论非常活跃的研究领域。总体上讲，对标准制定组织的研究依然是在产业发展和技术标准化的框架下进行探讨，在标准制定组织产生的原因和目的、标准制定组织治理（运作模式、参与方式与策略、成员选择标准、成员伙伴关系和标准开发过程）和标准制定组织的绩效研究等方面产生了丰富的学术成果。但是，上述研究毕竟是在西方产业情境下的研究结果，虽然不一定适合中国情境，但也可为本书提供研究基础和理论比较与借鉴。国内大量研究都是从企业视角和主要探讨了技术标准联盟这一种标准制定组织产生的动因、联盟治理（运作模式、成员选择标准、成员伙伴关系）和绩效，对中国情境下存在的其他纷繁复杂的标准制定组织现象没有从运作模式等方面进行区分和厘清，并且对技术标准化中的其他利益相关者（政府、高校、科研机构、行业协会等）从最初的未明确提及、到略有提及到强调利益相关者在技术标准化中的参与和合作重要性，但并没有明确标准制定组织中利益相关者的角色或者将特定的利益相关者纳入研究对象从而对其行为进行具体描述，对企业与其他利益相关者的合作虽有探究但并未深入。

总体而言，新兴产业发展为本书提供了研究情境，结合新兴产业发展对技术标准化的战略需求和新兴产业的高度不确定性，新兴产业技术标准化是一个复杂的过程，牵扯到多方行动主体的协同创新活动，也需要建立合适的组织模式。这使得本研究意识到新兴产业技术标准化的现实意义和影响，引发了探讨新兴产业技术标准化的初衷。而已有的技术标准研究和标准制定组织文献为本文研究做出了铺垫。已有技术标准研究中，组织因素被认为是技术标准化过程的重要影响因素，包括参与开发技术标准的行动者特征和技术标准化的组织模式，并且标准制定组织文献详细阐述了标准制定组织如何兴起、如何运作和产生的影响。因此，结合中国情境下新兴产业特征，仍在以下研究内容上存在探索空间：（1）在高度不确定性和需要协同创新的中国情境下，新兴产业技术标准化的过程和特点是什么？（2）面对多元主体协同创新的需求，中国情境下新兴产业技术标准化中形成了什么样的组织模式？（3）标准制定组织模式下技术标准化的多元主体互动过程呈现什么规律？本研究将针对上述问题进行探讨。

第 3 章　研究设计与资料收集

3.1　研究方法

就学术研究方法论而言，社会科学的研究方法一般分为两大范式：实证主义范式（positivist paradigm）和解释主义范式（interpretive paradigm）。前者认为世界是客观的，观察者在研究问题时是独立的，并且不含个人价值判断的，强调用自然科学的方法来研究社会科学问题，一般采用大样本统计。而后者则认为世界具有社会性和主观性，观察者无法独立于被观察对象，并且观察的结果不可避免地带有观察者的价值观与经验，其推崇小样本调查、深度的长时间调查等方法。因为本研究涉及回答“应该是什么”的价值判断，在研究方式上整体上遵循的是一种解释主义的研究范式。

具体到研究方法，本书综合运用了纵贯研究、内容分析法和案例研究三种方法，都是管理学、社会学领域中经常使用的方法，因此其适用性是不容置疑的。在研究的前期阶段通过纵贯研究和内容分析法了解新兴产业技术标准化过程的总体情况和特点，通过调查访谈和内容分析法开展了新兴产业技术标准制定组织分类研究；最后一部分的多元主体合作网络研究中涉及“是什么”“为什么”和“如何做”的问题（Yin，2002），适合采用案例研究法，采用的案例研究是根据其研究问题需要而设计。

本研究中新兴产业技术标准化研究对象选取的说明。在本研究中，对所调查的新兴产业技术标准化研究对象——物联网产业技术标准化的选择主要是基于如下的原因：（1）对研究问题的适用性。本研究中所选择调查的新兴产业技术标准化现象考虑到了是否具备代表性，以及是否能适用所研究的问题和提炼研究结论。每一个新兴技术领域的兴起都将面临技术标准化问题。在我国七大战略性新兴产业中，政府选择“最有基础和条件的领域进行重要突破”，在《政府工作报告》中新一代信息技术产业被作为“加快培育发展战略性新兴产业”的第一项。物联网作为新一代信息技术产业重要组成部分，目前是国内外关注度最高的新兴产业领域，并且是我国与世界发达国家产业研发、应用和技术标准化发展基本同步的一个新兴产业，已经被作为我国实现技术标准先行和赶超的最佳突破口，政府为此制定了长期规划和倾注大量资源，国家层面还成立了两个部际会议机制对物联网产业发展进行协调，这在其他产业领域中从未出现过。当前物联网产业的技术标准化发展也在七大战略性新兴产业中处于领先地位。综合以上各方面的考虑，本书从七大战略性新兴产业中选取了物联网产业技术标准化作为研究对象。（2）样本数据的可获得性。这一方面考虑了方便性原则，另一方面也考虑了现实资源的限制。在预研究中笔者发现物联网产业由于是新一代信息技术产业的重要领域，物联网与通信、电子信息、信息技术一脉相承，在长期积累发展中其产业技术标准化数据可获得性高于其他新兴产业，所以调查访谈的对象是一直在负责和参与相关技术标准化工作的国标委、工信部相关政府官员，工信部下属技术标准化支撑单位工作人员，物联网标准制定组织管理工作者，物联网标准制定组织中的成员单位（高校、科研院所和企业）。

在所调查的物联网产业技术标准化范围内，以下是本研究案例标准制定组织选取原因的总体说明，具体的案例标准制定组织数据详见各章节的研究内容。研究中案例标准制定组织的选择主要基于如下的原因：（1）案例标准制定组织的典型性和代表性。本研究中所选择的案例标准制定组织都具有一定的代表性，它们是将产业技术标准化推动到某一水平的大批同类标准制定组织中的优秀者；同时，它们的行为具有众多标准制定组织的典型特征，如长期从事产业技术标准化领域的各项工作，发展了较为健全的标准制定组织运作模式（秘书处、技术管理委员会、技术工作委员会、各种技术标准工作组和项目组等），拥有高校、科研院所、企业等广泛参与的、较为稳定的成员单位队伍，能定期和不定期的开展技术标准化活动等诸如此类的典型特征。由此保证研究结论能够推广到一大批同类的以及不同类的标准制定组织。（2）案例标准制定组织数据资料的长期性和可获得性。所选案例标准制定组织先于新兴产业筹划和伴随我国战略性新兴产业同步成长，自 2009 年政府提出战略性新兴产业发展规划，标准制定组织已历经 5 年或 5 年以上的发展历程，以此来保证较为全面与长期的待获取资料；标准制定组织与研究组成员在长期互动和相互了解过程中建立了良好关系，有利于经常性的开展实地调研；同时案例标准制定组织在技术标准化领域享有很高声望，经常受到新闻媒体的关注报道，便于资料有一定的公开性。

3.2　产业背景

3.2.1　物联网产业概述

（1）发展历程

物联网是感知互动为目的，实现信息和物理空间融合的综合信息系统，涉及网络、通信、信息处理、传感器、RFID、安全、服务技术、标识、定位、同步、数据挖掘、多网融合等众多技术领域。通过在物理世界中部署具有标识、感知和执行等能力的大量、多种信息设备，并与多类异构网络设施融合，物联网动态地实现对物理世界信息采集、传输、处理、发布和决策反馈等，实现人与物、物与物之间的互动和知识共享，提升对物理世界的综合感知能力，实现智能化的决策和反馈控制。国际和国内物联网发展历程如表 3－1 所示。

表 3－1　　国际和国内物联网发展历程归纳

国际物联网发展历程	
时间	关键事件
1991 年	物联网起源于美国麻省理工学院的 Kevin Ash－ton 教授
1995 年	比尔·盖茨在其《未来之路》一书中已提及物联网概念
1999 年	美国麻省理工学院建立了“自动识别中心”，提出“万物皆可通过网络互联”，阐明了物联网的基本含义
2003 年	美国《技术评论》提出传感网络技术将是未来改变人们生活的十大技术之首
2005 年	国际电信联盟（ITU）发布了《ITU 互联网报告 2005：物联网》报告，正式提出了物联网概念
2008 年	美国政府将 IBM 公司提出的“智慧的地球”计划，作为美国信息化战略的重要内容，并将物联网列为“2025 年对美国利益潜在影响最大的关键技术”

续表

国际物联网发展历程	
时间	关键事件
2009 年	美国总统奥巴马签署生效的《2009 年美国恢复和再投资法案》（即美国的经济刺激计划）提出要在智能电网领域投资 110 亿美元，卫生医疗信息技术应用领域投资 190 亿美元
	欧盟提出了推动物联网发展的基础框架，并围绕新兴物联网发展发布了系列白皮书，以帮助欧盟委员会和全球研究组织确认和协调与无线射频识别相关的国际间存在的问题和新进展
	日本在 3 月提出“数字日本创新计划”，在同年 7 年进一步提出“I－Japan 战略 2015”，其中交通、医疗、智能家居、环境监测是物联网技术进行行业应用的重点
2013 年以来	传感技术、云计算、大数据、移动互联网融合发展，全球物联网应用已进入实质推进阶段。欧美日韩等国家和地区，在物联网技术、应用等方面取得重要进展，信息化、数字化、智能化成为新一轮技术革命的引领与方向
中国物联网发展历程	
时间	关键事件
1999 年	中科院上海微系统所作为中科院传感器网络总体部，在国内最早开展传感器网络研究
2009 年	8 月 7 日，温家宝总理在江苏无锡调研时，对微纳传感器研发中心予以高度关注，提出了把传感网络中心设在无锡、辐射全国的想法
	9 月 11 日，“传感器网络标准工作组成立大会暨‘感知中国’高峰论坛”在北京举行，会议提出传感网发展相关政策
	9 月 14 日，在中国通信业发展高层论坛上，中国移动总裁王建宙高调表示：物联网商机无限，中国移动将以开放的姿态，与各方竭诚合作
	《国家中长期科学与技术发展规划（2006—2020 年）》和“新一代宽带移动无线通信网”重大专项中均将传感网列入重点研究领域
2010 年	温家宝总理在政府工作报告中提出，大力培育战略性新兴产业，加快物联网的研发应用。物联网等新一代信息技术产业被列为国家战略性新兴产业
2012 年	由中国提交的“物联网概述”标准草案经国际电信联盟审议通过，成为全球第一个物联网总体标准，中国在国际物联网领域的话语权进一步加强
	我国物联网市场规模达到 3650 亿元，较上年增长 38.9%
2013 年以来	2013 年中国物联网产业规模突破 6000 亿元，截至 2014 年 8 月，中国交通、物流、环保、医疗、能源、安防等领域的物联网应用市场规模已近千亿元

资料来源：作者根据调研资料整理。

（2）关键技术领域

物联网技术体系架构如图3－1所示。物联网在其发展过程中，离不开互联网、移动通信网等多种网络基础设施的支持，从而形成其网络体系高度异构混杂的现状，同时，物联网自身内部在通信协议、信息属性、应用特征等多个方面具有高度异构性，对物联网统一的交互、协同和管理提出了巨大的技术挑战。

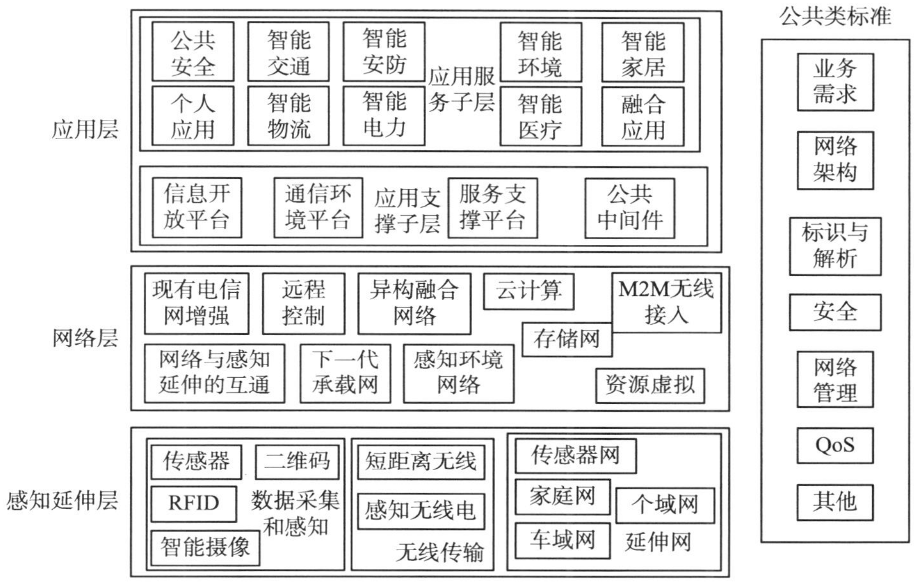

图3－1 物联网技术体系架构

资料来源：国家重大科技专项课题“物联网总体架构及关键技术研究”成果报告。

物联网技术体系由感知层、网络层和应用层构成。感知层是物联网的根本基础，是物理世界和信息世界的衔接层。主要通过各类信息采集和执行设备、多种自组网络通信技术、多种信息处理技术、物化安全可信技术、中间件及网关技术等，实现物理空间和信息空间的感知互动。根据具体用户需求，可通过感知互动层直接构建应用服务层，建立完整的物联网应用系统；也可实现与承载网络层的接入、交互，以此为基础构建应用服务层。

网络层主要实现信息的传送和通信。物联网的网络层将建立在现有的移动通讯网和互联网基础上。物联网通过各种接入设备与移动通讯网和互联网相连，将分散的、利用多种感知手段所采集的信息通过网关设备汇聚到3G网络中最后将感知信息再汇聚到应用系统，由于基于多种组网技术融合从而具备无处不在的协同感知能力。本分任务将重点研究网络层中的感知数据管理与处理技术，实现以数据为中心的物联网的核心技术。感知数据管理与处理技术包括传感网数据得存储、查询、分析、挖掘、理解以及基于感知数据决策和行为的理论和技术。云计算平台作为海量感知数据的存储、分析平台，将是物联网网络层的重要组成部分，也是应用层众多应用的基础。在物联网产业链中，通讯网络运营商将在物联网网络层占据重要的地位。而正在高速发展的云计算平台将是物联网发展的又一助力。

应用层主要将物联网技术与行业专业系统相结合，实现广泛的物物互联的应用解决方案。主要包括业务中间件（信息管理、业务分析管理、服务管理、用户管理、目录管理、终端管理、认证授权、会话交互、计费管理等）。应用领域包括环境监测、智能电网、智能家居、智能交通、工业监控等多个领域。

（3）产业链环节

物联网产业链和数据流程如图3－2所示。

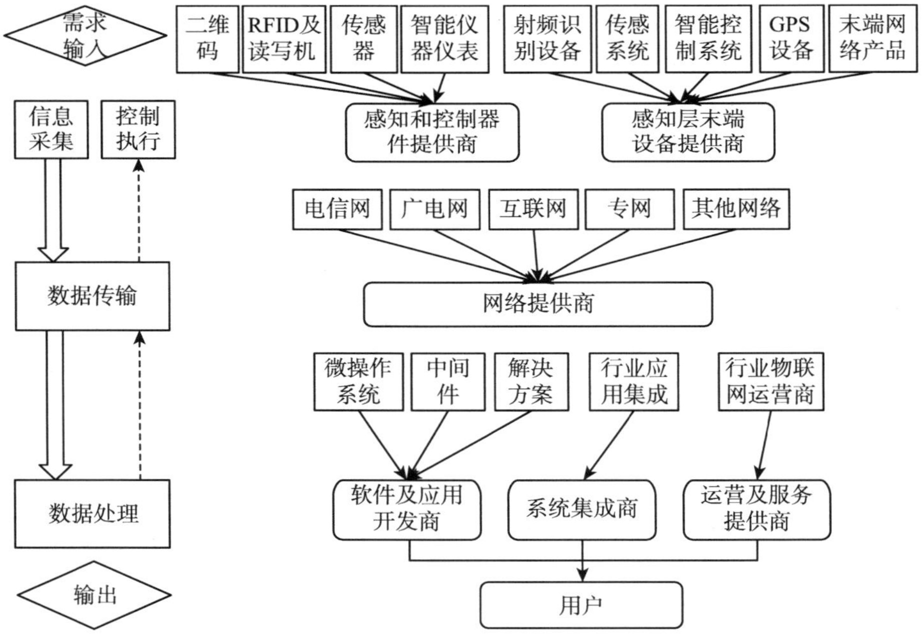

图3－2　物联网产业链和数据流程

完整的物联网产业链主要包括感知和控制器件提供商、感知层末端设备提供商、网络提供商、软件与行业解决方案提供商、系统集成商、运营及服务提供商、用户七大环节（沙飞，范鹏飞，2012）。

其基本数据流程如下：在输入用户需求之后，核心感知和控制器件厂商提供的各类感应器件是标识、识别以及采集信息的基础和核心，而感知层末端设备提供商负责提供完成底层组网（自组网）功能的末端网络产品设备（包括传感器节电设备、传感器网关、射频识别、传感系统等）（曹洋，王建平，2013）。在这一环节，软件产品和行业解决方案提供商也会为支撑数据采集、控制环节提供相应的软件产品，包括微操作系统、嵌入式操作系统、实时数据库、运行集成环境、信息安全软件、组网通信软件等。随后，网络提供商（包括互联网、电信网、广电网、电力通信网、专网以及其他网络等）对于物联网数据传输提供支撑和服务。传输完成之后，需要相应的软件、行业解决方案对数据进行智能处理。在这一环节，软件产品和行业解决方案提供商为数据处理环节提供网络操作系统、数据库、中间件、信息安全软件等产品；系统集成商将实现物联网的硬件、软件和网络集成为一个完整解决方案；而运营及服务提供商将提供物联网应用系统的专业运营服务，实现终端接入控制、终端管理、行业应用管理、业务运营管理、平台管理等服务。最后，在上述环节基础上完成的产品和服务输送给用户，实现生产和社会层面的应用（王建平，曹洋，史一哲，2011）。由此可见，整个物联网产业存在大量行业、组织边界之间的数据交换，迫切需要建立完善的物联网标准。

3.2.2　我国物联网产业技术标准化概述

政府在物联网领域采取自主创新与开放兼容相结合的技术标准化战略。在各类标准制定组织的协同下，中国正在努力制定新兴产业技术标准，并且通过直接或间接的方式向世界推广中国制定的标准，而不再像从前那样单方面地接受国际标准。

从标准化角度来说，物联网产业是要制订共性平台的标准和应用子集的标准。根据我国对物联网产业技术标准化的总体思路，物联网标准化技术体系框架分为“基础标准”“数据采集标准”“网络传输标准”“信息处理标准”“业务应用标准”和“共性支撑标准”6 个部分。基于采用现有标准、修订现有标准或制定新标准等策略，按照物联网综合标准化技术体系对物联网相关标准进行分析梳理和规划，构建了包括已发布、在制定和待制定共451 项标准的物联网综合标准化技术体系标准表。各类标准统计如表 3－2 所示。就具体的物联网标准来看，目前我国在感知层的进展较为顺利，基于感知层的数据采集标准研制工作取得显著成果。

表 3-2　　物联网标准化统计表

名称	已发布	在制定	待制定
基础标准	0	4	12
数据采集标准	20	15	18
网络传输标准	3	20	53
信息处理标准	2	0	18
业务应用标准	1	59	122
共性支撑标准	28	18	58
共计	54	116	281

资料来源：工业和信息化部电子技术标准化研究院，截至 2014 年 3 月。

3.3　数据收集

以下是本研究中数据收集方法的总体说明，具体的数据收集步骤和数据分析在各章节的研究内容中详细阐述。本研究的研究数据主要来源于三类：

（1）深度访谈。深度访谈包括非结构访谈和半结构访谈，非结构访谈是指邀请受访者畅所欲言，并未事先准备完整的访谈提纲，仅使用一份备忘录来检查访谈的进行；而半结构访谈是指结合文献和现实情境实现拟定一份访谈提纲，并依照访谈提纲的内容逐项询问，事后对访谈结果进行整理；本研究在预研究过程中采用了非结构式访谈，正式的研究过程中主要采用半结构式访谈。从组织行为角度看，中国情境下新兴产业技术标准化的过程实质上是多元行动主体进行互动从而共同解决技术标准化问题的过程。因此针对新兴产业技术标准化中的行动者，本研究确定如下几类的访谈对象：第一类是参与新兴产业技术标准化环节的政府职能部门官员和专业标准化机构工作人员，主要包括国务院发展研究中心企业研究所相关领导、信标委相关领导、工业和信息化部信息化推进司产业信息化处相关领导、工业和信息化部电子工业标准化研究院相关领导等；第二类是各标准制定组织管理人员和工作人员，包括秘书处领导和工作人员、技术工作委员会主席、标准项目组组长和副组长单位；第三类是标准制定组织成员单位，包括各类高校、产业链各环节的企业、从事物联网相关技术研发工作的科研院所（实验室、工程技术中心、研究院、研究所）、其他感兴趣的团体。根据研究目标，并针对每类访谈对象设计了访谈提纲，然后选取相应人员进行访谈，所有的访谈都在结束后12小时内进行转录、文本整理和分析。

（2）实地观察。伴随访谈进行的实地观察分为参与式观察和非参与式观察。参与式观察是指置身于被观察者的活动场所中，察看被观察者的所作所为，并可能与被观察者进行交流和互动，主要用于与技术标准化相关的产业展会、交流会（例如国际物联网博览会，物联网产业专家研讨会，物联网产业发展与合作专题会议）；而在采取非参与式观察时，研究组成员作为观察者以不介入的方式置身于被观察者的活动现场，在本研究中主要用来观察标准制定组织中的各种工作会议（成员大会、管理层会议、标准项目组会议、标准草案编辑会议）等正式活动。

（3）二手资料。为了满足“多源数据的三角验证能提供更精确的信息和更稳健的理论结果”的学术研究严谨性，本书涉及的二手资料收集来源于四大途径。第一，学术数据库检索的历史文献资料。本书以“新兴产业”“技术标准”“技术标准化”“技术标准联盟”“产业联盟”“物联网”“标准化组织”等为关键词检索了所有年份的相关理论主题研究，所用数据库主要是中国期刊全文数据库、中国硕博士论文数据库，中国资讯行数据库，中国重要报纸全文数据库，中国经济信息数字图书馆资源；第二，与物联网相关的公开网络平台，如物联网专业网站（如中国物联网、物联世界、物联网门户、千家物联网、物联网信息、中国通信网、物联网论坛等）以及各种公开涉及新兴产业报道的网站（如腾讯科技频道、新华网、飞象网等）；第三，标准制定组织管理文件和工作文件调阅，主要在案例标准制定组织授权情况下，登录标准制定组织工作网站收集与研究主题相关的各类文件，包括标准制定组织管理办法（工作章程、工作细则、组织架构、会议组织、选举程序、会费管理、知识产权政策等）、各项目组进展和技术标准项目资料（成员单位资料，技术提案和技术报告，标准草案、标准征求意见稿、标准送审稿和报批稿，会议纪要等），可以了解标准制定组织的运作模式和技术标准化活动中的各种互动过程；第四，物联网相关的国家重大科技专项课题报告（如物联网总体架构和关键技术研究，无线泛在网络架构研究和总体设计，基于IPv6的无线传感器网的网络协议研发及验证等），以及国家物联网标准化规划（如工业和通信业“十二五”技术标准体系建设方案，物联网白皮书，物联网标准化推进策略与规划研究报告，物联网综合标准化技术体系，传感器网络系列标准明细表等）。

第4章　新兴产业技术标准化的过程研究

4.1　本章研究问题

这一章的主要研究问题是，中国情境下新兴产业技术标准化的过程特点是什么？以物联网产业技术标准化为研究对象，本研究运用行动者网络理论分析新兴产业技术标准化的过程，主要使用“转译”这一核心概念，采用包括问题定义、利益赋予、招募以及动员的转译四步分析法来对新兴产业技术标准化的发展过程以及行动者角色定位、利益和障碍、行动者网络形成进行了总体的把握。

4.2　理论基础

4.2.1　新兴产业技术标准化的特点

战略性新兴产业技术标准化有三个主要特点。首先，技术标准化是一个复杂的动态过程，涵盖技术研究、标准制定、发布和实施等一系列活动（薛卫，雷家骕，2008）。在推动技术标准化发展时，如何有效地组织技术标准制定和开发是影响技术标准出台的重要因素。但由于战略性新兴产业的发展面临着高度的不确定性，包括技术、市场需求、组织等方面的不确定性（眭纪刚，苏竣，2009），具体到技术标准化领域，究竟何种技术路线能够率先转化为专利、产品和获得市场认可，技术创新和标准化工作由哪个组织和个人实现，都是不确定的。

其次，战略性新兴产业技术标准化有集体性特点。支持战略性新兴产业技术标准化发展的重要资源分散在不同的利益相关者手中，因此在制定和开发技术标准时，单依靠某一类行动者的创新研发能力相对不足，而是涉及多类、多个行动者的协同创新行为，以满足战略性新兴产业要在关乎国计民生的核心技术领域实现创新的超常规发展要求（王珊珊，王宏起，2012）。但是众多异质行动者有着各自的利益立场，需要化解异质行动者之间可能存在的矛盾与冲突。

最后，在中国情境下，战略性新兴产业技术标准化的发展表现出政府参与且政府与企业、高校、科研院所等众多行动者摸索着前进的特点。在开展技术标准化工作的过程中，政府要身先士卒地参与以降低其风险，但是政府作为决策者也只掌握了有限信息，推动其发展的政府政策亦缺乏明确的可参考与学习的对象。因此战略性新兴产业技术标准化的发展更可能是一个不确定状态下政府和众多参与者共同摸索的集体行动过程。

4.2.2　行动者网络创新视角

每个战略性新兴产业都需要明确的技术标准来规范生产、分销及消费活动。行动者网络理论为识别技术标准化过程和相关联的行动者，以及刻画异质行动之间如何互相依赖和相互关系提供了有益的工具。

行动者网络理论（Actor Network Theory，以下简称 ANT）由 20 世纪 80 年代中期科学知识社会学派的代表人物米歇尔·卡隆（Michel Callon）、布鲁诺·拉图尔（Bruno Latour）和约翰·劳（John Law）等提出，试图从“社会——技术”的互构视角解释科学技术发展问题（刘建国，2014）。尤其是 ANT 视角指出了技术等非人类要素在创新过程的作用，强调了社会与技术互构的进程中人类行动者和非人类行动者的同等重要性（Callon，1991；Latour，1996；拉图尔，2005）。

从 ANT 视角看，一项社会活动是在不同角色的“行动者”参与下共同完成，每一个行动者都具有各自的利益和行动能力，同时他们的行为和获取的资源受到行动者之间关系的影响（岳宇君，2014）。众多异质行动者之间基于沟通、协商和合作等互动实现不同利益的协调，实现异质性要素之间的组合、联结和扩张，从而构建为了解决特定问题的行动者网络（李峰，肖广玲，2014）。因此，行动者网络不等同于信息技术中的网络，而是描述异质性要素联结的方法；在这里“网络”并非已经给定或已经形成的网络，而是异质行动者建立网络、发展网络的动态过程。

由于在行动者网络中，没有技术因素和经济社会背景的区分，并且以平等的方式看待网络中的异质性要素，因而产生了行动者网络理论的核心原则，即广义对称性原则。借用广义对称性原则，ANT 用跟随行动者的灵活方法取代了宏观理论框架说明微观现象的模式，不再单一地以人类行动者或非人类行动者（例如技术因素）为中心。正如拉图尔所说：“自然和社会并非相互替换的关系，二者都是网络中的要素，它们在网络中互相影响，彼此共生。”

建立行动者网络的基本途径是转译——使被转译者满意其在行动者网络中的角色，进而实现构建网络时的目标和预期利益。转译涉及问题定义（problematization）、招募（enrollment）、利益赋予（interessment）和动员（mobilization）四个基本环节。通过这些环节，异质行动者的利益、角色、功能或地位被重新界定、安排和赋予，这意味着转译是行动者之间的交流、磋商和利益协调，只有通过成功的问题转译行动者之间才会最终达成共识和建立网络。

在国内外学术界，行动者网络理论已经产生了较大的影响，并且被用于分析与科学技术相关的研究问题。在技术标准领域，例如运用行动者网络理论研究了电子数据交换（Electronic Data Interchange，EDI）标准，以及 WAPI、GSM、UMTS、TETRA、TD－SCDMA 等信息和通信领域标准的技术标准化问题（Jacobs，2000；Bekkers，2001；Gao，2007；王能能，孙启贵，徐飞，2009；詹爱岚，李峰，2009；刘建国，2014），但是并未在战略性新兴产业技术标准化研究中得到充分重视和应用。本书通过行动者网络视角分析战略性新兴产业技术标准化的过程，尤其将技术这一行动者的作用展示出来。

4.3　研究设计

4.3.1　数据收集

物联网技术系统具有复杂性和高度不确定性，其中 RFID（电子标签）、传感器网络、以及泛在网的技术发展是三大里程碑事件，代表我国物联网技术和应用发展的层层演进。为了使本研究以一个较为全面和整体的观点去呈现物联网产业技术标准化，本研究结合我国物联网产业的技术脉络，对 RFID、传感器网络、泛在网技术标准化进行数据收集。

研究资料与数据主要来自于第一手调查与二手文本。本研究的第一手调查是采取访谈，调查访谈的对象是一直在负责和参与物联网技术标准化工作的国标委、工信部相关政府官员 3 人，工信部下属技术标准化支撑单位工作人员、主要物联网标准制定组织管理工作者 8 人，物联网标准制定组织中的企业成员 6 人，高校、科研院所等 7 人，共 24 人。由于物联网涉及的技术领域复杂，这些访谈主要用于核实关键性事件和主要技术标准化领域，讨论分析思路，从而提升研究者对物联网技术标准化发展的理解以及对行动者的判断（见表 4－1）。

表 4－1　　访谈信息分布

类　　别	数量
电子标签标准工作组成员（含企业、高校、科研院所）	4
国家传感器网络标准工作组成员（含企业、高校、科研院所）	5
泛在网技术工作委员会成员（含企业、高校、科研院所）	4
国标委、工信部相关官员	3
标准制定组织工作人员	8

本研究的二手数据来自主要行动者网站的新闻数据。政府：选择国务院、国标委、工信部、发改委等网站；学研机构：选择中科院、中科院上海微系统与信息技术研究所、无锡物联网产业研究院、中国物品编码中心网站；企业：主要选择中标集团、中兴通讯、利奥科技、中国普天等四家企业网站；标准制定组织：选择电子标签标准工作组、RFID 产业联盟、传感器网络标准工作组和泛在网技术工作委员会四家网站。本文所选网站建设健全和具有代表性，各个行动者不断受到公众媒体的关注，其网站上的新闻报道为再现我国 RFID、传感器网络和泛在网技术标准化过程进行了详细的数据。通过上面的数据来源，本研究收集了发生在我国“八五”时期到 2014 年 12 月间与物联网技术标准化相关的新闻数据共计 648 条以及多达 87 页的访谈记录。另外，本研究将访谈过程中政府部门提供的 20 份物联网产业档案资料（物联网发展白皮书、物联网标准白皮书、物联网标准化推进策略与规划研究报告、传感器网络相关标准分析研究报告等）作为资料补充。

4.3.2 数据分析

（1）物联网产业技术标准化的发展过程

对 RFID、传感器网络、泛在网的访谈、新闻数据进行整理归纳，数据结构化后的 RFID、传感器网络、泛在网技术标准化过程见图 4－1。结合技术标准化相关文献梳理这三个技术标准化过程，在此基础上描绘出物联网产业技术标准化的发展过程规律，并基于 ANT 视角对物联网产业技术标准化过程进行分析。

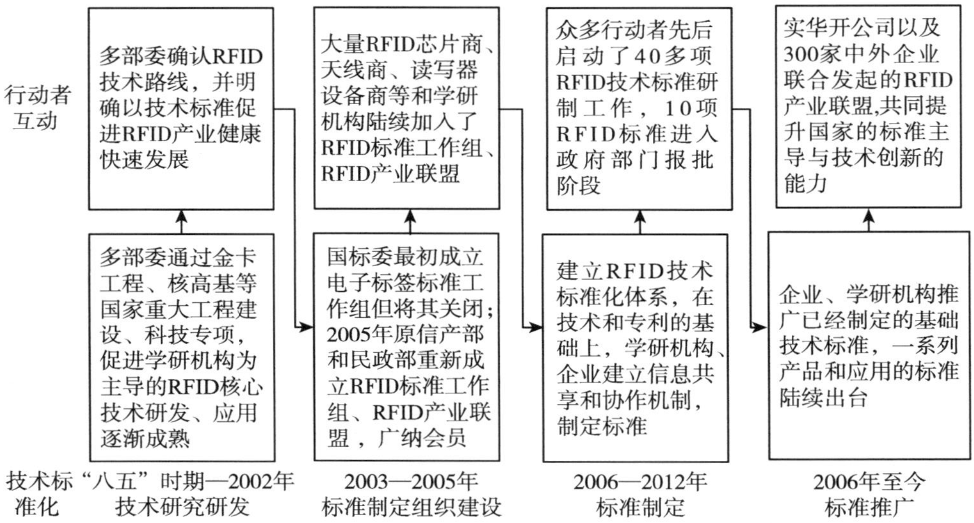

（a）RFID技术标准化和行动者互动的过程

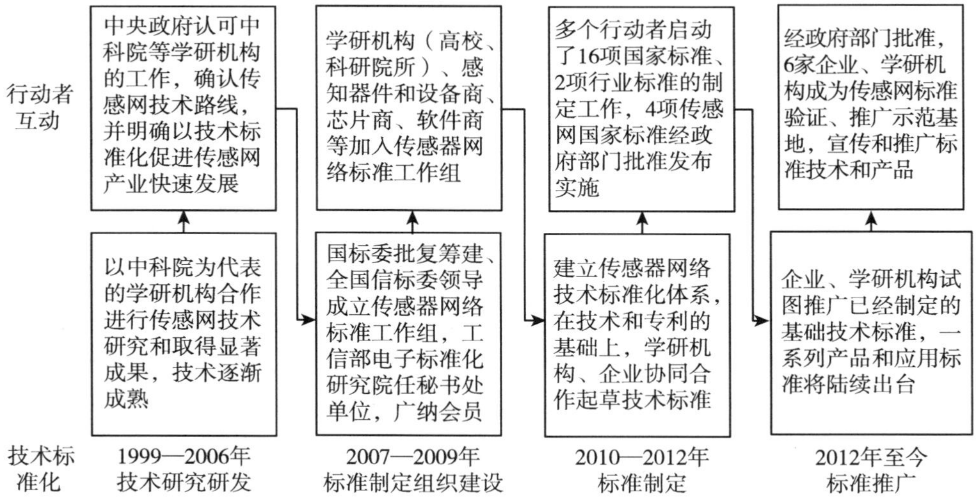

（b）传感器网络技术标准化和行动者互动的过程

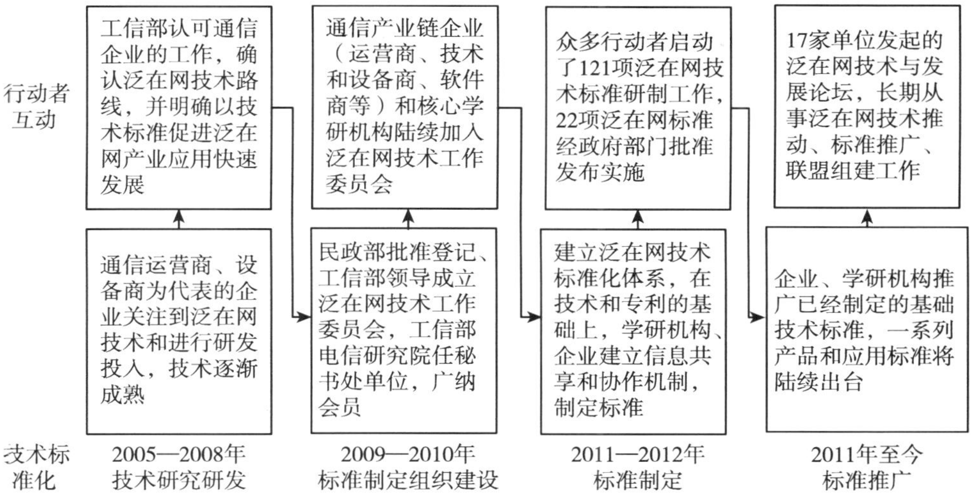

（c）泛在网技术标准化和行动者互动的过程

图 4 –1　物联网技术标准化的发展过程

（2）行动者主体识别

基于 ANT 视角，按照人类行动者和非人类行动者的划分标准，将物联网产业技术标准化中涉及的行动者归纳如表 4 –2 所示。物联网产业技术标准化中的人类行动者，是指参与技术标准化活动的个人或者个人组成的、具有行为能力的组织或团体。非人类行动者是指影响技术标准化发展的自然要素，主要包括基础技术、产业共性技术、应用技术等技术范畴和政策、法律法规等制度环境。

表 4 –2　物联网产业技术标准化的行动者

行动者类型	类别	观察信息
人类行动者	组织或团体	企业：电信运营商、技术和设备供应商、软件开发商、系统集成商、服务商；学研机构：高校、科研院所、工程技术研究中心、实验室
		政府部门：国务院、国家质检总局、国标委、工信部、发改委、科技部、财政部、环保部、商务部、交通运输部、铁道部、卫生部、住建部
		标准化支撑单位；全国信标委、中国标准化研究中心、工信部电子技术标准化研究院、工信部电信研究院
	个人	企业工作人员，科研工作人员，政府官员，消费者，标准化专家
非人类行动者	技术	基础技术，产业共性技术，应用技术，技术标准
	制度	政策，法律法规

行动者的主要关系表现为：①政府部门、官员代表保护本国利益的政府主管部门、政策制定者以及管理者，引导、支持和监管物联网产业技术标准化活动，以及进行政策、资金扶持和市场干预；政府部门和企业之间存在所有权关系、监管关系和公共利益关系，因为这些企业中有相当一部分仍属于国有企业。②企业是标准技术研发与实施的主体，在战略性新兴产业技术标准化中起到主导作用，负责行动者网络的实际发展战略和行动方案。不同企业在规模、技术水平、产业链环节、行业领域、市场占有率等方面差异，通常会表现出很强的竞争与合作性。③学研机构是基于研发工作为企业提供技术支持，在战略性新兴产业技术标准化中起到主导作用，负责行动者网络的实际发展战略和行动方案。④标准化支撑单位是指专业标准化机构，例如全国信息技术标准化委员会、通信技术标准化委员会、中国电子技术标准研究院，以及工信部电信研究院等，在战略性新兴产业技术标准化中发挥重要的管理、指导和协调作用，有助于扩大行动者网络规模，寻找恰当的强制通行点，提高行动者网络的稳定性。⑤技术是战略性新兴产业技术标准化行动者网络的载体，即必须结合我国基础技术水平、产业共性技术水平、产业应用需求来制定和采用技术标准；⑥制度对企业、学研机构参与战略性新兴产业技术标准化发挥重要的激励作用，同时对行动者行为起到重要约束作用。

4.4 研究发现

4.4.1 物联网产业技术标准化的发展过程

对 RFID、传感器网络、泛在网的访谈、新闻数据进行整理归纳和结合技术标准化相关文献，本研究识别出物联网产业技术标准化的四个阶段，即技术研究研发、标准制定组织建设、标准制定和标准推广。结合产业环境（技术、产业和市场成熟度），从目标、标志性事件、行动者和微观运作机制三个方面反映每个阶段中技术标准化的特征（见表4－3）。

表4－3　　　　　物联网产业技术标准化的发展过程

技术标准化过程	技术研究研发	标准制定组织建设	标准制定	标准推广
技术成熟度	低	中低	中高	中高
产业成熟度	低	低	中高	中高
市场成熟度	低	低	中低	中高
目标	启动物联网技术研究	进行物联网技术标准方面的研究	将技术专利化，并在此基础上有效集成为国家共性技术标准	将标准推广成为产业普及的技术规范，以及形成一系列应用标准
标志性事件	“八五”时期，RFID相关研究启动； 1999年中科院向中央政府提交了《迎接知识经济时代，建设国家创新体系》研究报告，启动传感器网络研究； 2005年我国关注泛在网络技术的发展和应用	2002年成立自动识别与数据采集技术分会，2005年成立RFID标准工作组； 2009年9月传感器网络标准工作组（简称WG-SN）成立； 2010年2月，泛在网技术工作委员会成立	RFID标准已有10多项进入报批阶段； 传感器网络标准工作组正式发布了6项国家标准征求意见稿； 泛在网技术工作委员会先后公布了20多项协会、行业标准	RFID产业联盟着手推广RFID标准产品和应用； 6家传感器网络国家标准验证示范基地建立，推广符合国家传感器网络标准的产品； 泛在网技术与发展论坛从事标准推广
关键政策	1999国家提出“知识创新工程”建设； 2006年国务院出台的《国家中长期科学与技术发展规划	2010年《国务院关于加快培育和发展战略性新兴产业的决定》； 各部委发布《关于成立物联网国家标准推进组的通知》； 2011年《国民经济和社会发展第十二个五年规划》	2011年《物联网发展专项资金管理暂行办法》； 2011年工业和信息化部为运营商配备了物联网专用号段；2012年《物联网“十二五”发展规划》	2013年发布了10个《物联网发展专项行动计划》

续表

技术标准化过程	技术研究研发	标准制定组织建设	标准制定	标准推广
组织和个人	政府监管部门（含官员）、学研机构（含科研工作人员）	政府监管部门（含官员）、学研机构（含科研人员）、企业（含企业人员、企业家）、专业标准化机构等	政府监管部门（含官员）、学研机构（含科研人员）、企业（含企业人员、企业家）、标准制定组织等	政府监管部门（含官员）、企业（含企业人员、企业家）等
微观运作机制	成立传感器网络研究团队；国家以科技项目申请提供研发资金	组建标准制定组织，招募广大行动者以联盟形式开展技术标准化	加强知识产权和技术标准的结合，形成知识产权共享和集成机制	形成技术扩散和产业推广机制

（1）技术研究研发。即以少数学研机构或者领先企业承担研究的物联网攻关项目标志着技术研究研发的萌芽。我国物联网研究开始于“八五”计划时期，标志性事件是1999年中科院向中央政府提交了《迎接知识经济时代，建设国家创新体系》研究报告，建议国家组织实施“知识创新工程”，在江泽民主席和朱镕基总理批示、视察以及科技小组的会议讨论后，无线传感网及其应用作为信息与自动化领域的五大重大项目之一列入知识创新工程试点，成立中科院上海微系统与信息技术研究所作为依托单位。

（2）标准制定组织建设。即在已有技术或少量专利基础上，面对依然不成熟的物联网产业和市场，采取标准先行的战略，招募更多政府、企业、学研机构等行动者参与技术标准化活动。标志性事件是，国家标准化管理委员会（以下简称“国标委”）在2002年正式成立了全国信息技术标准化技术委员会自动识别与数据采集技术分会，组织开展RFID国际标准跟踪和国内标准研究工作。随后2003年11月，由国标委牵头的电子标签标准工作组成立和组织起草标准，2004年我国开始在军民两个领域展开传感器网络标准化研究工作，2005年中国RFID产业联盟成立。2006年，全国信息技术标准化技术委员会（以下简称“信标委”）组织国内传感器网络（以下简称传感网）领域的有关机构开展传感网标准化研究工作，2009年正式成立传感器网络标准工作组。随着2010年物联网被写进政府工作报告和正式列入国家战略新兴产业之一，标准制定组织建设进行快速发展时期。在 2009 ~ 2011 年间，仅国家层面就有泛在网络技术工作委员会、国家传感器网络标准工作组、国家物联网基础标准工作组、SOA 标准工作组等十多个物联网标准制定组织如雨后春笋般出现。

（3）标准制定。即随着技术、产业和市场发展，在积累较多技术和专利的基础上，众多行动者协同合作，通过知识产权共享和集成的方式大规模开展标准制定工作，将技术转化为专利和确立技术标准。RFID 领域先后启动了 40 多项标准研制项目，传感器网络标准形成的标志性事件是 2011 年 7 月，国家传感器网络标准工作组第八次全体会议正式发布了六项国家标准征求意见稿，标志着我国第一次对传感器网络提出基本规范。在此期间，泛在网技术工作委员会也公布了二十多项泛在网络协会、行业标准。

（4）标准推广。即物联网技术、产业和市场成熟度明显提升，已经出现了一批物联网应用项目和产品，重点是推广已经制定和发布的技术标准，形成技术扩散和产业推广机制。在 RFID 领域，RFID 产业联盟由 RFID 产业链的软件提供商、系统集成商、硬件提供商（芯片、标签、识别器）、通信服务提供商、应用商和学研机构组成，抢占 RFID 市场和致力于推广 RFID 标准的产品与应用。2013 年 12 月传感器网络标准工作组公布了无锡物联网产业研究院、江苏物联网研究发展中心、杭州家和物联技术有限公司、北京农业智能装备技术研究中心、重庆邮电大学和山东省计算中心在内的首批 6 家传感器网络国家标准验证示范基地，意图在于利用仪器设备验证传感器网络国家标准，展示符合国家标准的产品或系统，从而推广传感器网络国家标准。而在泛在网领域，泛在网技术与发展论坛由 12 家国内外通信企业（电信运营商、设备商）、3 家学研机构和 2 个政府部门发起成立，从事泛在网技术推动、标准研究和推广，以及未来建立以企业主体、市场为导向、产学研结合的泛在网技术创新联盟。

值得注意的是，物联网产业技术标准化的四个阶段不是独立存在的关系，这里的阶段划分只是为了突出每个时期的重点，下一阶段的时间结点并不意味着上一阶段的终止，有些阶段会并行行进甚至贯穿始终，因此时间段划分也会存在重叠。例如进入标准推广阶段时，标准制定工作也在同时进行。

4.4.2　转译过程分析

根据 ANT 分析框架，物联网产业技术标准化实质是物联网产业技术标准化的核心行动者对各个异质行动者进行成功的问题转译，然后他们协同推进产业技术标准化的结果。

（1）问题化：政府监管部门是核心行动者

问题化的前提是识别核心行动者，而核心行动者的任务在于：①确定行动者网络的共同目标，②界定可能纳入网络的行动者的类别和利益诉求，③化解异质行动者之间可能存在的矛盾与冲突，④确定异质行动者认可和接受的OPP方案。这样看来，核心行动者应具备相较于其他行动者更高的权威性、协调能力和监督、管理能力，那么，物联网产业技术标准化的核心行动者是国标委、工业和信息化部等政府监管部门。

在构建行动者网络的过程中，各行动者涉及的利益和障碍见图4－2。从异质行动者各自的利益立场来看，中国政府旨在采用“标准先行”战略推动和实现物联网产业的快速发展、提升我国企业的竞争力和降低本国知识产权许可成本等。企业希望获取物联网产业的市场份额、实现产品开发和技术升级、降低对国外技术的依赖和获取政府的政策支持。比如，电信运营商最大的获益在于实现网络升级和减少投资。高校、科研院所等学研机构旨在推广知识产权，加

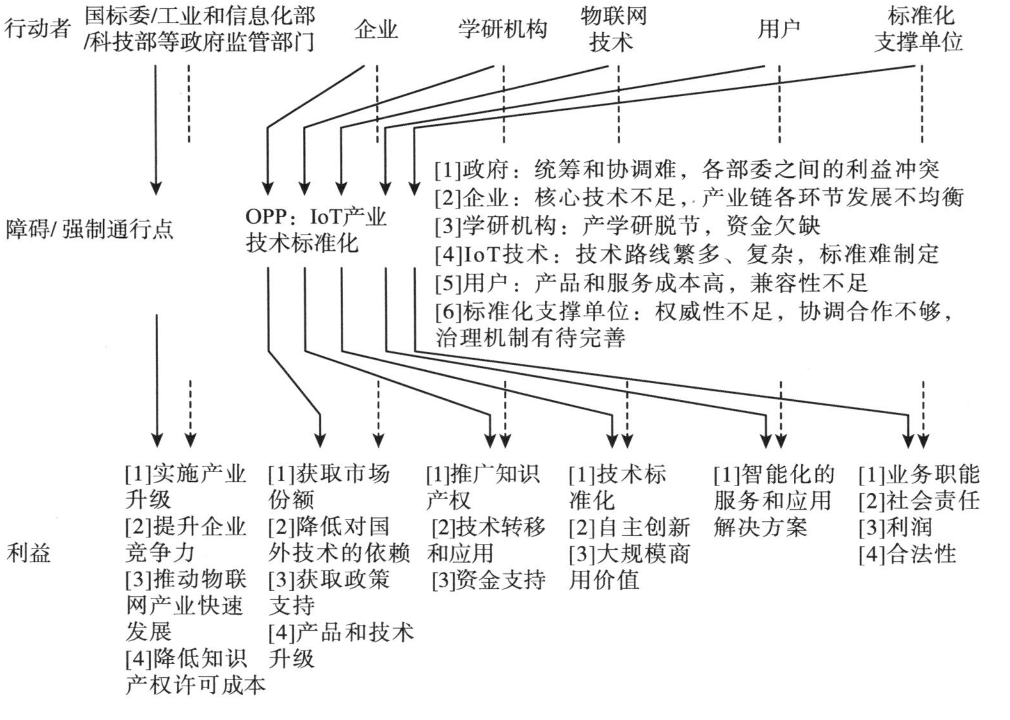

图4－2　物联网产业技术标准化中行动者定位、利益和障碍

快技术转移和应用，以及获得更多资金项目支持。物联网产业技术则实现标准化和商用价值规模化。用户在物联网产业技术标准化中获取更多智能化的服务、应用解决方案。标准化支撑单位主要是履行业务职能，也能获取一定利润。

在网络构建过程中，行动者都面临着相应的障碍和困境。因此，成功实现转译的前提是各行动者排除或者克服各自的障碍。行动者共同面对的问题是：如何使物联网产业技术尽快实现大规模商业化应用？如何在产业技术标准制定过程中实现利益最大化？为了解决上述问题，物联网产业技术标准化行动网络逐渐形成。在完成物联网产业标准转译的过程中，所有行动者须共同通过的强制通行点（OPP）为：物联网产业技术标准（包括基础技术标准和应用标准）。即相信标准能够推动物联网产业技术在国内市场得到大规模商用，参与其中的每个行动者能够通过构建物联网技术标准实现利益最大化，从而结成相互依赖的行动者网络。

（2）招募：吸纳优势创新主体参与

各行动者在物联网产业技术标准行动者网络中被赋予彼此均可接受的任务。政府主管部门的任务提出产业发展目标，制定物联网产业技术标准的体系架构，并在此基础上制定基技术标准和应用标准，对上述标准的推广和实施情况进行监管。学研机构的任务是积累技术研发能力，开发具有国际领先水平的物联网技术。企业的任务是提供物联网设备生产和软件开发。标准化支撑单位的任务是积极参与、组织物联网产业技术标准化工作。在上述行动者类别中，由于积累技术研发能力和开发物联网技术的需要，企业、学研机构可能是最早被招募的行动者。而且企业是最积极的行动者，或者说，企业最容易被招募到行动者网络。由于获取市场份额和盈利的需要，企业甚至会主动进入物联网技术标准化行动者网络。

物联网产业技术标准化的招募环节是：首先，工业和信息化部招募了领先的学研机构和企业开展 RFID、传感器网络、泛在网络等技术的研究工作，例如，中国科学院牵头传感器网络技术及其标准化的研究工作，从事相关技术研究的高校研究团队也随后加入。其次，国标委招募了专业标准化机构（例如各部委下属的标准化研究所）进入网络，协助开展、组织技术标准化工作。系统设备商、电信运营商很快加入网络。在此基础上，进一步游说利益相关者，来自物联网各产业链环节的企业陆续加入物联网标准化阵营，参与标准创建和推广。

但是，我国物联网产业核心技术掌握不够，例如在高端传感器、超高频和微波RFID技术方面与欧美国家差距较大。因此在网络成员招募过程中，国外企业及其技术也发挥重要作用。

（3）利益赋予：物联网标准化政策发挥作用

利益赋予实际上是核心行动者为了维持行动者网络的良好运行，通过在各异质行动者之间建立起利益协调机制，使得其他行动者扮演各自角色并且不发生“背叛”行为。

在网络构建过程中，物联网产业技术标准化是问题化的强制通行点（OPP），为了实现异质行动者的利益赋予，我国政府主要从资金、政策方面大力支持物联网标准化工作。此间，2009年，国家领导人温家宝批示无锡建立“感知中国”中心，2010年，国家将物联网正式列入战略性新兴产业目录，2010年、2011年政府发布的《国务院关于加快培育和发展战略性新兴产业的决定》《国民经济和社会发展第十二个五年规划》中，将物联网产业标准化置于重要地位，并立足于通过一定规模的典型应用示范引导基础标准、行业标准的孵化。工业和信息化部先后出台政策支持物联网标准化工作，如2011年财政部、工业和信息化部联合出台《物联网发展专项资金管理暂行办法》，明确了国家专项资金的支持范围包括标准研究与制订，财政部设立专项资金支持物联网发展，重要支持标准制定、核心技术产品自立研发、产业建设、应用示范、公共平台建设与服务业发展，以及工业和信息化部为运营商配备了物联网专用号段。2012年发布《物联网“十二五”发展规划》，将“加快构建标准体系”定为八大主要任务之一，将“标准化推进工程”作为五项重点工程之一。国家发展改革委、工业和信息化部、科技部、教育部、国家标准委联合物联网发展部际联席会议相关成员单位在2013年发布了10个《物联网发展专项行动计划》，其中标准制定专项规划提出了2013—2015年物联网产业技术标准化的总体目标，包括进一步完善推进物联网标准化工作的组织架构、协调机制和工作制度，优先研制一批基础共性、重点应用和关键技术标准，以及同步推进国际国内标准化工作。

（4）动员：标准制定组织

组建联盟是动员和招募参与者的重要方式。由于物联网产业技术标准化涉及的技术种类繁多复杂，在物联网产业技术标准化中，先是国标委、工业和信息化部牵头组建了RFID标准工作组、国家传感器网络标准工作组、全国智能建筑及居住区数字化标准化技术委员会和泛在网技术工作委员会。这四个标准制定组织的率先建立进一步动员起一大批国内外的技术和设备供应商、网络运营商、软件开发商、系统集成商、高校及研究机构参与到标准的制定和商用当中来。但是，已经成立或正在成立的相关标准工作组专注于各自的技术领域，标准制定过程由于在每个标准工作组独立开展，导致我国物联网标准工作缺乏完整体系。为了统筹、协调不同标准制定组织之间的工作内容，国家标准化管理委员会、国家发展和改革委员会会同其他相关部委出台的物联网标准制定专项计划（2013—2015 年）指出，要继续完善物联网标准化的组织协调机制，一方面是通过扩充组成国家物联网标准推进组的部委数量加强技术协调和沟通，二是形成以国家物联网基础标准工作组主导，其他相关标准制定组织参与的物联网技术协调架构。

4.4.3 物联网产业技术标准化过程中的行动者和网络演变

在战略性新兴产业技术标准化发展过程中，各类行动者在技术标准化中所扮演的角色是不一样的。各类行动者的位置和角色可分为核心行动者、主要行动者和共同行动者三类，其中核心行动者处于行动者网络的监督、协调的位置，通过它与主要行动者协同来实现技术标准化的发展；主要行动者承担了技术标准化的主要工作，制定和实施具体的行动方案；共同行动者是在技术标准化的互动和联结中涉及的角色和资源。结合战略性新兴产业技术标准化发展的不同阶段，这三类行动者在不同阶段形成不同的组合并相互作用使得技术标准化的行动者网络在不断地优化和发展。

接下来以物联网（RFID 技术、传感器网络技术和泛在网技术）为例，对战略性新兴产业技术标准化中的行动者网络演变进行分析。

（1）RFID 技术标准化发展的行动者网络。RFID 技术是一种利用射频通信实现的非接触式自动识别技术，被广泛应用在仓储、物流、货物收发等领域，但是标准缺失大大制约了 RFID 技术的跨行业、规模化应用。因此 RFID 各行动者共同面对的问题是：如何快速实现 RFID 技术标准化的发展。

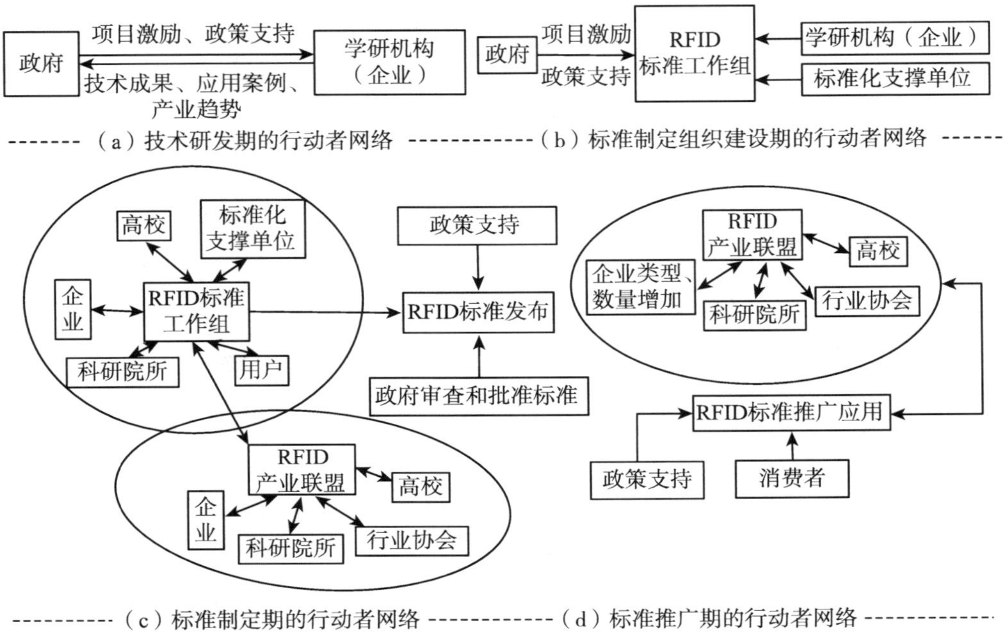

图 4-3　RFID 技术标准化的行动者网络

在技术研发期（“八五”时期—2002 年），启动 RFID 技术标准化的力量来自政府，当前的核心行动者是原信息产业部科技司。信产部进一步确定学研机构、RFID 技术与设备供应商等行动者的地位和利益，使其成为行动者网络中必不可少的部分。在标准制定组织建设期（2003—2005 年），原信产部通过组建 RFID 标准工作组进一步游说和征召行动者参与标准研制工作。在这一阶段政府是核心行动者，标准化支撑单位是主要行动者，企业、学研机构、RFID 技术、政策法规等则是共同行动者。在标准制定期（2006—2012 年），RFID 标准工作组建立了总体、标签与读写器、数据格式、频率与通信、信息安全、应用和知识产权 7 个组。基于 RFID 标准工作组建立的众多行动者互动，RFID 标准工作组启动了 31 个国家标准项目、16 个行业标准项目，这些标准的发布和实施，将深刻影响 RFID 产业链的发展。在标准推广期（2006 年至今），2006 年成立的 RFID 产业联盟逐渐代替 RFID 标准工作组成为 RFID 技术标准化工作的主要推动者和转译者，RFID 产业联盟中企业数量不断增加，扩展了标准认证的产品，推动了 RFID 标准的产业化。RFID 产业联盟向 RFID 标准工作组输入 RFID 技术标准制定的建议，协助 RFID 标准工作组的工作。RFID 产业联盟在提供技术标准制定建议和推进产业化方面有了新的进展，在提高 RFID 产业整体市场份额、实现生产规模效应、减低成本和提高产品质量等方面产生了良好效果。企业在这一阶段是主要行动者，政府既是标准的认定者，也行动者网络的共同行动者，RFID 技术作为行动者的形态已经演化为行业标准，共同行动者包含行业标准、消费者、政策等（见图 4－3）。

（2）传感器网络技术标准化发展的行动者网络。传感器网络包括智能传感器和无线近距离通信技术，是由许多分布在空间上的智能传感器节点组成的一种自治综合信息系统。由于传感器网络的应用领域广泛，传感器网络技术的跨行业、大规模商用同样会面临标准缺失引发的一系列难题。

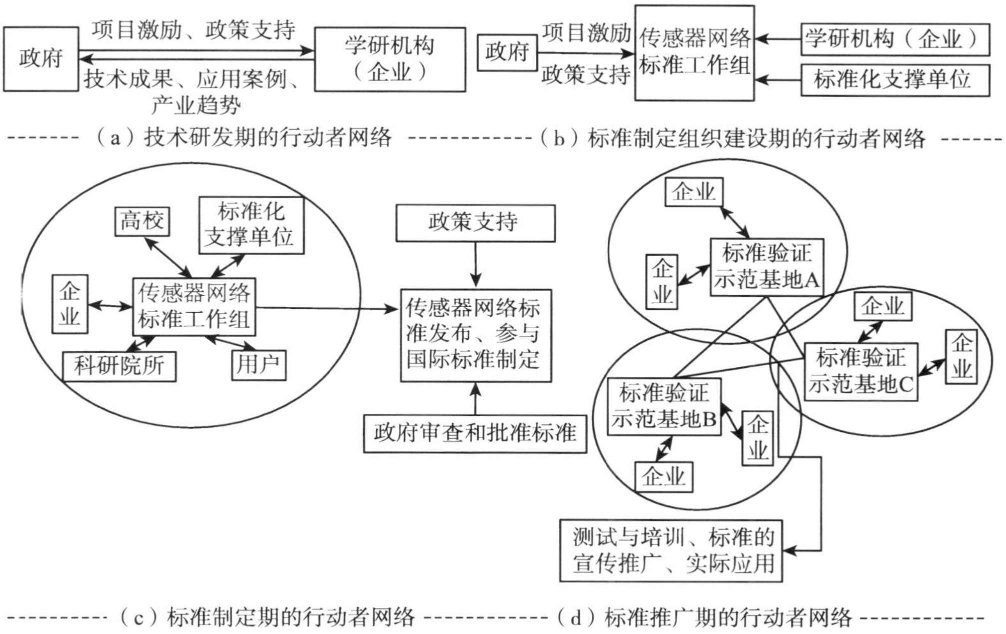

图 4－4　传感器网络技术标准化的行动者网络

在技术研发期（1999—2006 年），发展传感器网络技术是在政府发展重点技术领域的需求和战略部署下应运而生，以中科院、重庆邮电大学等为代表的学研机构是主要行动者，最先研究传感器网络技术，承担了多个国家传感网重大专项，并在无线智能传感网络通信技术、微型传感器、传感器节点等方面产生了具有前沿技术水平的成果。进入标准制定组织建设期（2007—2009 年），在政府的推动和任命下，2006 年全国信标委开始组织相关单位进行传感器网络标准的研究，2007 年国标委正式批准在全国信标委下筹建国家传感器网络标准工作组，由信标委、电子技术标准化研究院作为主要行动者，招募和动员各方企业、学研机构成立传感器网络标准工作组（以下简称 WGSN）。进入标准制定期（2010—2012 年），WGSN 代替政府成为行动者网络的主要推动者和转译者，传感器网络标准体系框架得以建立，包括通用规范、通信与信息交互、服务支持、协同信息处理、网络管理、安全、测试等基础标准和应用子集标准。WGSN 同时参与了国际传感器网络标准的研制工作，提交标准草案。在标准推广期（2013 年至今），2013 年 12 月，WGSN 授牌 6 家企事业单位首先成为国家传感器网络标准验证示范基地，承担传感器网络标准的推广工作。这些示范基地将利用仪器设备验证传感器网络国家标准、展示符合国家标准的企业产品或系统，从而推广传感器网络国家标准（见图 4－4）。

（3）泛在网技术标准化发展的行动者网络。泛在网技术强调的是一种无所不在的网络和应用的技术社会形态，即物联网的未来状态。为此泛在网行动者面临的共同问题是：必须建立一个标准化体系保障泛在网络的可用性和互通性，即泛在网技术的标准化是泛在网络大规模应用的重要推动力（见图 4－5）。

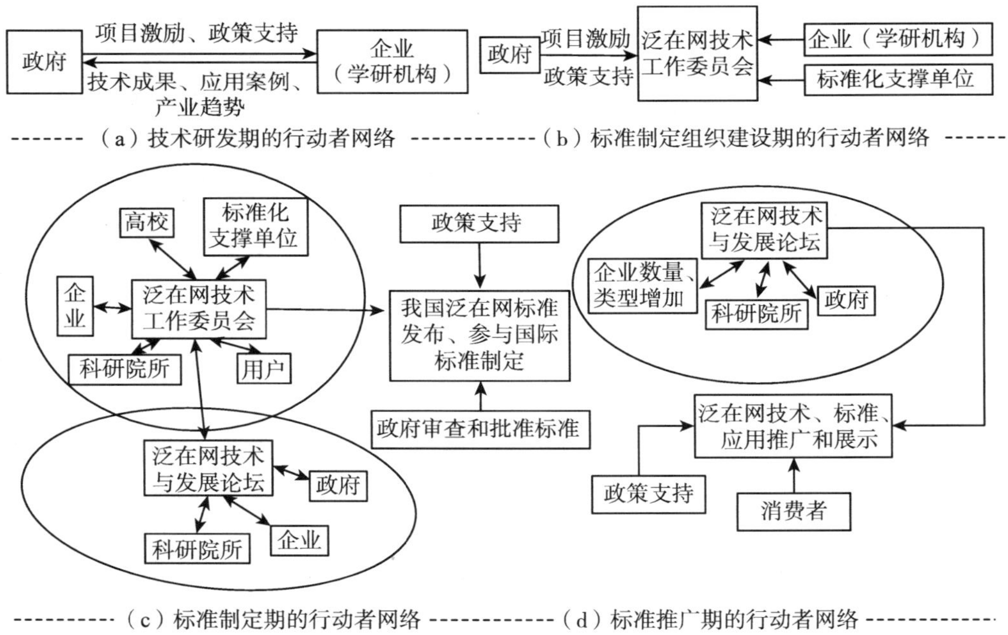

图 4－5　泛在网技术标准化的行动者网络

在技术研发期（2005—2008 年），2005 年 ITU、ETSI 等国际标准制定组织展开泛在网络研究，引起了我国密切关注和跟踪。在这段时期，少数领先的通信企业启动了泛在网络标准的研究工作，例如中国移动、联通、电信、华为、中兴等运营商、通信设备商从事泛在网络技术研究和应用开发。在标准制定组织建设期（2009—2010 年），2009 年工信部电信研究院对成立泛在网络技术工作委员会事宜进行了广泛地调研，邀请协会专家咨询委员会、技术管理委员会进行了充分的讨论，并邀请领先的通信企业结合公司的应用实践，对泛在网络在各个行业的具体应用进行了介绍，最终在 2010 年牵头成立泛在网技术工作委员会，以企业为主体、市场为导向开展泛在网络的技术标准化工作。在标准制定期（2010—2012 年），包括芯片制造商、软件商、设备商、网络运营商、高校、科研院所等行动者已经加入到泛在网技术工作委员会，在这些企业和学研机构的努力下，泛在网技术工作委员会启动了一百多个技术标准项目，建立了包括总体、网络层、应用层和感知延伸层在内的泛在网技术标准体系。在标准推广期（2010 年至今），2010 年，泛在网技术与发展论坛是获得工信部审批的可从事泛在网技术推动、标准研究和推广的论坛组织，成员单位包括了堪称优势创新主体的 12 家国内外通信企业（电信运营商、设备商）、3 家学研机构和 2 个政府部门。该论坛的主要任务是向泛在网技术工作委员会输出成果，协助泛在网技术工作委员会开发标准，推进泛在网的应用和产业化，以及未来建立以企业主体、市场为导向、产学研结合的泛在网技术创新联盟（见图 4 –5）。

结合上述对物联网技术标准化的案例分析，将战略性新兴产业技术标准化中的各类行动者演变规律归纳如下表所示（见表 4 –4）。

表 4 –4　战略性新兴产业技术标准化中各类行动者的角色演变

技术标准化过程	核心行动者	主要行动者	共同行动者
技术研发期	政府	企业、学研机构	基础技术、政策法规
标准制定组织建设期	政府	标准化支撑单位	企业，学研机构，基础技术，政策
标准制定期	标准制定组织	企业、学研机构	政府，基础技术，产业共性技术，政策
标准推广期	产业联盟、示范基地、发展论坛	企业	政府，学研机构，技术标准，消费者，政策

在技术研发期，新一代技术受到中央政府高层关注，政府提出发展国家重点科学技术的战略部署，主要要求企业、学研机构基于研发投入、市场调研来识别新一代技术的发展趋势、路线和应用价值，因此企业、学研机构是主要行

动者；在官产学研联盟建设期，政府处于行动者网络的始端，是一个推动者和任命者的角色，希望成立标准工作组、技术工作委员会等标准制定组织和建立激励机制来征召、动员各方行动者进行合作，联合开展技术标准的研究和制定工作。在政府授权下，标准化支撑单位是主要行动者牵头负责具体的标准制定组织筹建工作，招募和动员行业内骨干企业、具有前沿技术成果的学研机构成为成员单位；在标准制定期，标准制定组织是核心行动者，主要是完善组织机制和管理体制，协调行动者之间的利益关系，以促进更多行动者参与技术标准化活动。学研机构、企业是主要行动者，承担了新兴技术标准的研制工作。政府作为共同行动者和主要行动者一起通过技术、政策等进行互动和联结。技术作为共同行动者在这一时期的表现是基础技术和产业共性技术。在标准推广期，一批产业联盟、示范基地和发展论坛等市场推广组织得以成立，其主要职责是协调各方企业的利益关系，完成技术标准的市场推广工作。在这一阶段中，企业是主要行动者，负责生产和推广符合标准的产品、应用，以及形成相应的商业模式。政府部门、技术标准、政策等是共同行动者。

4.5 本章小结

本研究运用行动者网络中的“转译”这一核心概念，采用包括问题定义、利益赋予、招募以及动员的转译四步分析法来对物联网产业技术标准化的过程和特点进行了总体的把握，形成了以下结论和启示：

结论 1：随着技术、产业和市场的发展，新兴产业技术标准化由多个子阶段构成，包括技术研究研发、标准制定组织组建、标准形成和标准推广，这是因为技术标准化发展是在高度不确定性的产业环境中进行，因此是一个渐进式的发展过程。战略性新兴产业技术标准化这种渐进式的特点存在于每个新兴技术领域。在环环相扣、同步上升的子阶段中，每一个阶段中都有技术标准化的子目标（技术、组织、标准、产业化）和建立了相应的微观运作机制（研究团队、联盟组织、知识产权共享和集成机制、产业推广机制），这些目标和微观运作机制产生于多方参与主体的互动中，并在互动中实施。

新兴产业技术标准化的过程根据技术成熟度、市场成熟度和产业成熟度由低到高，可分为技术研究研发、标准制定组织建设、标准形成阶段和标准推广阶段。技术研究研发阶段是新兴技术、产业和市场的萌芽时期，该阶段开始关注新兴技术领域并组织相关研究研发工作；标准制定组织建设阶段是技术或少量专利发展、产业和市场成熟低的时期，通过组建标准制定组织实施标准先行的战略；标准制定阶段是新兴技术成熟度较高、产业成熟度中低、市场成熟度中低的时期，通过知识产权共享和集成的方式，将新兴技术转化为专利和确立技术标准的阶段；标准推广阶段是新兴技术成熟度中高、产业成熟度中高和市场成熟度中高的时期，是指新兴产业技术标准初步建立之后，不断吸引产业内多主体参与，形成完善的标准产业链条的过程，基于标准的产品与服务也日益增多。

结论 2：从组织行为看，新兴产业技术标准化过程的实质是产业技术标准化的核心行动者对各个异质行动者进行成功的问题转译、利益赋予、招募和动员，然后他们协同推进产业技术标准化的结果。参与新兴产业技术标准化过程的行动者呈现“类型多、数量多、产业链覆盖广”的特点，并形成了以政府监管部门为核心、企业和学研机构（高校、科研院所）为优势创新主体、专业标准化机构支撑的多元主体协同创新格局。

新兴产业技术标准化不是一个简单的、自发的过程，而是需要各社会主体的广泛参与，参与新兴产业技术标准化过程的行动者不仅包括括企业、高校和科研院所，还包括政府、标准化组织和行业协会等起到监管、支持和协调作用的行动者。其中新兴产业技术标准化行动者网络的核心行动者是政府监管部门。面对新兴产业不成熟的市场、技术和高度不确定性，只有政府拥有足够强大的权威性和管理能力，因此新兴产业技术标准行动者网络的核心行动者是政府监管部门。其作用主要体现在：从产业高度制定物联网产业发展规划，调动其他行动者积极参与到物联网产业技术标准化行动网络，以及发布规范和促进产业发展的政策法律。由于物联网是知识和技术密集的新兴产业，并且科技含量高、产业关联广、市场空间大，而学研机构和企业是最可能具备新兴技术研发能力和商用能力的行动者。以物联网产业为例，包含末端设备商、系统设备商、芯片商、软件开发商、服务提供商和集成商、运营商在内的各环节企业加入到技术标准化活动当中，尤其是运营商作为当前物联网产业中占据主导地位的企业，它们参与行动者网络是对物联网产业技术标准化的极大支持。而专业标准化机构作为政府部门在技术标准领域的智库，在标准制定组织组建和标准体系框架确立过程中发挥了关键的支撑作用。

结论3：新兴产业技术标准化的发展需要政策资源的持续供给和支持。

政策资源是新兴市场实现产业化和技术转移的基础。研究发现，政府在新兴产业标准化领域的政策供给主要涉及：战略规划、标准研制专项资金、科技计划、政府采购、频段资源的发放、财政和税收政策。除了已有的政策支持，进一步的政策供给应是建立市场准入制度，完善知识产权保护制度和降低国内核心技术对国外企业的依赖。

结论4：标准制定组织是实现新兴产业技术标准化多元主体协同创新的主要组织模式。

与传统产业相比，新兴产业技术系统复杂，例如物联网，除了电子制造业、通信运营业和信息服务业三个主要环节，还涉及广泛的应用领域。因此面对复杂的技术系统时，其技术标准化工作会涉及企业、科研机构、行业协会、政府部门、国际组织等各个层面的参与和利益。因此在这些行动者之间建立能够实现合作参与和协同创新的组织模式是行之有效的方法。异质行动者之间虽然可能面临利益上的小冲突，但是异质行动者为合作网络注入了多样性的资源，有利于产业技术标准化的成功。当前我国新兴产业已经存在了数量不少的、种类繁多的标准制定组织，例如技术委员会，标准工作组，产业联盟，等等，更多的标准制定组织也在全国各省市纷纷建立。大量标准制定组织之间的区别和联系没有厘清，标准制定组织还存在由于成立时间短和业务经验少等原因不具备足够的权威性和合法性、彼此之间缺乏有效的沟通等问题。因此对标准制定组织的相关研究是有待进一步探讨的话题。

第 5 章　新兴产业技术标准化的组织模式研究

5.1　本章研究问题

结合第 4 章的研究可知，新兴产业通常是一个函括多个技术领域和行业产品的高技术集成系统，这使得新兴产业技术标准化需要多方行动者的支持和参与。新兴产业技术标准化过程中形成了以政府监管部门为核心，以企业和学研机构（高校、科研院所）为优势创新主体，以专业标准化机构为支撑的多元主体协同创新模式，并且标准制定组织是新兴技术产业技术标准化的主要组织模式。那么，中国情境下究竟形成了什么样的标准制定组织是值得研究的首要问题。

5.2　理论基础

与上述研究问题相关的现有研究涉及两个方面：一是标准制定组织的制度特征和运作模式；二是技术标准化中政府介入视角。

5.2.1　标准制定组织的制度特征

David & Shurmer（1996）、Hawkin（1999）、Jakobs（2003）和 Blind（2008）等学者为代表，将西方产业情境下的标准制定组织区分为正式标准制定组织和非正式标准制定组织，他们对正式标准制定组织和非正式标准制定组织运作模式的描述，涉及标准制定组织的典型制度特征的四个方面。而中国情境下的标准制定组织也可能具备这些典型的制度特征。

1. 组织目标。即标准制定组织的成立目的和战略方向。例如，正式标准制定组织是把推动技术标准化作为最终目标，因此与技术标准化相关的所有标准化工作（制定、修正和扩散标准）作为主营业务；非正式标准制定组织则将技术标准化活动视为市场竞争和产业化发展中技术协调工作的一部分，最终目标是争夺市场份额（Hawkin，1999；Weiss and Cargil，1992）。

2. 组织架构（organizational structures）。即标准制定组织的部门设置及职能规划等最基本的结构依据。例如正式标准制定组织通常是非常明晰的层级组织结构，界定了组织内部不同行政职能部门、技术职能部门的定位和具体职责（Lehr，1992；ZHAO，XIA and Shaw，2005）。非正式标准制定组织由于是一种松散的契约型组织，其组织架构较为灵活，比较健全的组织架构包括：第一层是董事会，主要由发起企业构成，设置战略目标和监督标准联盟的实际运作；第二层是管理委员会，对成员企业的技术利益、贡献水平和权力进行划分和管理；第三层是任务工作组，即针对需求设立的项目组。

3. 标准开发和共识程序（standards development and consensus procedures）。即组织标准开发和决策过程的内部流程、规则和程序，包括技术提案提交流程、决策规则、知识产权政策等。例如正式标准制定组织允许成员单位直接提交自己的技术提案，或者有的标准制定组织要求成员委任具体代表组成团队或者项目组一起起草技术提案（Updegrove，1993；Weiss & Sirbu，1990）。正式标准制定组织强调一个开放、共识的标准开发流程，因此任何决策都是在成员协商一致的基础上产生（Chiao et al.，2005；Farrell，1996）。其他规则，比如说知识产权政策和争议解决机制也是标准制定组织内部程序的重要组成部分。正式标准制定组织一般采取 FRAND（公平、合理和非歧视）政策，标准和专利的共享程度高。非正式标准制定组织多半采取封闭的标准开发流程，有的为了避过决策过程延迟的风险省去了开放、共识等规则（Blind，2008）。非正式标准制定组织拥有非常灵活的知识产权规则，包括组建专利池等，宗旨是采取最利于成员发展的知识产权政策。

4. 开放度（openness）。标准制定组织需要规定进行标准开发和扩散的开放程度，包括成员招募、会费标准和成员权限等。例如正式标准制定组织是相容性组织，在成员招募方面对所有利益相关者开放，非正式标准制定组织一般属于排斥性组织，比如主要吸收企业成员。二是会费标准，绝大部分标准制组织需要从成员处收取费用，正式标准制定组织还从政府机构获得资助（Updegrove，1993）。非正式标准制定组织的成员还要承担标准推广的费用，三是成员权限。正式标准制定组织一般对成员进行分类，规定不同类型成员获取标准文档资料的权限（Steinfield et al.，2004）。非正式标准制定组织主要按参与度高低对成员企业进行分级管理。

总的来说，层级组织结构，正式的规则、程序以及高开放度，给正式标准制定组织带来了更强的权威性和合法性。正式标准制定组织更好地实现了标准的兼容性，也耗费了大量的时间。而非正式标准制定组织受到市场机制影响更大，虽然一定程度地模仿了正式标准制定组织的组织特征，更多的是采纳一些能够管理联盟成员且快速产生技术规范（标准）和快速决策的组织架构、内部规则和程序，因此其标准开发过程更加高效和更符合产业需求。

5.2.2　技术标准化中政府介入视角

中国情境下新兴产业技术标准化的一个重要特征是：政府参与和引导技术标准建设。一方面，新兴产业的蓬勃兴起为世界各国带来了新的发展机遇，为了抢占国际市场，提升本国产业竞争力，政府通常会制定新兴产业技术标准化战略并参与其中；另一方面，新兴产业的高度不确定性增加了其风险，政府需要对技术标准化进行引导和扶持（谭劲松，林润辉，2006；周程，2008；周殷华，2008；王珊珊，许艳真，2014）。

政府的重要作用体现在我国标准制定组织的形成和发展过程，准确地说，我国标准制定组织形成和发展过程离不开政府的介入（谭劲松，林润辉，2006；周程，2008；周殷华，2008）。《中华人民共和国标准化法》将我国标准分为国家标准、行业标准、地方标准、企业标准四级。由于制度层面和产业层面的原因，在很长一段时期内，我国传统的标准化体制是，除了企业标准由企业制定外（仅需报标准行政主管部门备案即可），国家标准、行业标准、地方标准均由政府标准化及机构和组建的标准制定组织制定、产业主管部门审查以及由国家标准化部门公布（张琰飞，2006）。在我国市场经济和新兴产业的发展过程中，市场力量在产业技术标准化中的作用十分重要和越来越受到重视，国家政策由

“鼓励企业参与技术标准化”转向呼吁“发挥企业在技术标准化中的主导作用”，提出“加快建立以企业为主体、市场为导向的产业技术创新战略联盟”以及“强化战略性新兴产业知识产权与技术标准前瞻布局，支持以企业为核心的专利战略联盟和技术标准联盟建设”（国标委：《标准化“十一五”发展规划》，2007；《标准化“十二五”规划》，2011；国务院：《“十二五”国家自主创新能力建设规划》，2013）。

但是政府担心仅靠市场力量很难实现新兴产业技术标准化，依然会借助加强引导、提供金融支持、建立平台、宣传推广、改善环境等介入方式推动和保障标准制定组织广泛组建并有效发挥功能（李薇，李天赋，2013）。研究者将政府介入方式划分为直接性介入和间接性介入。政府直接性介入，是指政府以派遣人员参与、政府采购、监督等方式直接干预和推动标准制定组织发展；政府间接性介入，是指政府以领导视察、政府奖励、研发资助等辅助方式间接影响标准制定组织的发展（李薇，李天赋，2013）。例如对闪联联盟的研究表明，闪联标准联盟的发展过程中不能忽视政府的作用。在闪联联盟的发展过程中政府更多的是以间接的方式介入，采用的方式主要是领导视察和中央宣传等激励性措施。政府在闪联标准的制定和产业化推广过程中主要起到了监督和激励的作用（李天赋，卿大宣，2012）。

5.3 研究设计

为了对特定情境中的新现象进行充分了解，本部分主要基于扎实的二手资料收集、焦点小组访谈和深度访谈，对中国情境下的标准制定组织模式进行调查，并在此基础上结合文献进行分类研究。

研究组成员在初期对主要的物联网产业标准制定组织进行了各类二手资料收集（主要通过国家标准化管理委员会网站，工业和信息化部网站，标准网站（例如国家标准网，工标网）以及各类物联网标准制定组织的工作网站，如国家传感器网络标准工作组、物联网基础标准工作组、物联网标准联合工作组、电子标签标准工作组、中国通信标准化协会、闪联联盟、物联网产业技术创新战略联盟；以及各种涉及物联网标准制定组织活动报道的网站，如腾讯网、物联网在线、光明网等进行数据收集和挖掘），然后在二手资料收集的基础上进行焦点小组访谈和深度访谈（根据二手资料选择物联网产业发展具备典型性和代表性的标准制定组织，且在调研方面具备便捷性的标准制定组织进行初步访谈调查；调查访谈适合在标准制定组织的技术标准工作会议现场进行，能够碰到标准制定组织管理人员和资深成员单位，有利于获取数据和了解实情），对访谈结果进行了内容编码分析，从而得到中国情境下新兴产业技术标准化的标准制定组织模式的基本情况以及在此基础上进行标准制定组织分类。

焦点小组访谈和深度访谈中包括被访者所在标准制定组织的关键制度特征以及政府介入的客观情况，主要是结合文献对新兴产业形成和发展的标准制定组织所涉及的组织目标、组织架构、标准开发和共识程序、开放度四个方面的关键制度特征进行访谈，核心访谈问题如下：（1）标准制定组织的组织目标具备什么特征？（2）标准制定组织的组织架构具备什么特征？（3）标准制定组织具备什么样的标准开发和共识程序？（4）标准制定组织的开放度具备什么特征？以及对标准制定组织形成和发展过程中的政府介入情况进行访谈，核心访谈问题如下：（1）政府在标准制定组织形成和发展过程中扮演什么角色？（2）政府影响标准制定组织形成和发展的策略和行为表现是什么？

本研究在收集有关标准制定组织的一手资料时，由于实际参与新兴产业发展的标准制定组织数量庞大，只能采用典型样本分析的方法。正如 Eisenhardt 指出的，由于所能研究的案例数目通常是有限的，因此需要选择“清晰透明地观察到”的案例（Eisenhardt，1989）。根据调研数据统计，当前有 46 家国家部委直属或者国家层面成立的、与物联网标准化工作相关的标准制定组织活跃在各个技术领域（电子标签、传感器网络、中间件、泛在网络、工业监控等）和行业领域（例如，家居、建筑、医疗、运输、电力、交通、农业、商务）（见表 5－1）。而分布在我国各省市和各地方的大大小小、各型各样的标准制定组织更是数不胜数。

结合对物联网产业技术标准化的二手资料调查和初步访谈可知，上述中国情境下从事新兴产业技术标准化相关工作的标准制定组织由以下三类构成：（1）原分布在各传统产业技术领域的标准化技术委员会、协会，（2）挂靠在原有标准化技术委员会、行业标准化协会下面或者部委直属的，专门为关键技术和应用组建的技术委员会、标准工作组、技术工作委员会，（3）基于新兴技术和应用发起的协会、商会和产业技术联盟，而为专门为部署新兴产业技术标准化形成的标准制定组织主要在后两类。

表 5－1　　物联网领域主要标准制定组织概况

序号	标准制定组织名称	成立时间	直属或主要支持部门	技术标准化范围
1	全国集装箱标准化技术委员会	1980	国标委 交通部	集装箱专业领域
2	全国信息技术标准化技术委员会	1983	国标委 工信部	信息技术领域
3	全国工业机械电气系统标准化技术委员会	1985	国标委 中国机械工业联合会	工业机械电气系统领域
4	中国信息产业商会	1990	民政部 工信部	信息领域
5	电力行业信息标准化技术委员会	1991	国标委 电力部	电力行业信息技术领域
6	全国电工电子产品可靠性与维修性标准化技术委员会	1998	国标委 工信部	电工电子产品可靠性与维修性
7	全国电子业务标准化技术委员会	1999	国标委 国家质监局	电子业务领域
8	全国家用电器标准化技术委员会	1999	国家质监局 国家轻工局	家用电器的安全和性能领域
9	工业和信息化部宽带无线 IP 标准工作组	2001	国标委 工信部 信标委	宽带无线 IP 技术领域
10	十进制网络标准工作组	2001	工信部	十进制网络领域
11	工业和信息化部数字音视频编解码标准工作组	2002	工信部	数字音视频的压缩、解压缩、处理和表示技术领域
12	工业和信息化部信息资源共享协同服务标准工作组	2003	工信部	信息设备资源共享协同服务领域
13	全国智能运输系统标准化技术委员会	2003	国标委 交通部	智能运输领域

续表

序号	标准制定组织名称	成立时间	直属或主要支持部门	技术标准化范围
14	全国工程设施（公路）标准化技术委员会	2003	国标委 交通部	工程设施领域
15	全国工业过程测量和控制标准化技术委员会	2005	国标委 中国机械工业联合会	工业过程测量和控制领域
16	工业和信息化部电子标签标准工作组	2005	国标委 工信部	电子标签技术领域
17	中国 RFID 产业联盟	2005	工信部 民政部 中国信息产业商会	RFID 领域
18	国家密码管理局电子标签密码应用体系研究专项工作组	2006	国家密管局	电子标签及密码领域
19	香港物流与供应链管理应用技术研发中心	2006	香港特别行政区政创新科技署	物流与供应链管理应用技术领域
20	全国物品编码标准化技术委员会	2006	国标委 国家质监局	各类物品和服务的分类、标识、属性、品种和单件编码领域
21	全国智能建筑及居住区数字化标准化技术委员会	2008	国标委、住建部	智能建筑领域
22	全国棉花加工标准化技术委员会	2008	国标委 供销总社	棉花加工成套设备安装、自动化信息传输、棉副产品精深加工技术、机械安全使用等领域
23	中国急诊医师协会技术标准委员会	2009	民政部、卫生部	急诊医学技术领域
24	全国信息技术标准化技术委员会传感器网络标准工作组	2009	工信部 信标委	传感器网络领域

续表

序号	标准制定组织名称	成立时间	直属或主要支持部门	技术标准化范围
25	全国通信标准化技术委员会	2009	国标委 工信部	通信技术领域
26	全国通信标准化技术委员会	2009	国标委 工信部	通信技术领域
27	全国信息分类编码标准化技术委员会	2009	国标委 国家质监局	信息分类与编码领域
28	物联网基础标准工作组	2010	发改委 国标委	物联网相关的所有基础技术领域
29	全国国际货运代理标准化技术委员会	2010	国标委 商务部	国际货运代理领域
30	商务领域射频识别标签数据格式标准工作组	2010	商务部	商务领域射频识别标签领域
31	物联网标准联合工作组	2010	国标委 工信部	物联网联合工作领域
32	全国通信标准化协会泛在网技术委员会	2010	民政部 工信部	泛在网络技术领域
33	农业物联网行业应用标准工作组	2011	国标委 发改委 农业部	物联网在农业领域应用领域
34	总后信息化专家咨询委员会标准化专业委员会	2011	总后勤部	RFID 领域
35	林业物联网应用标准工作组	2012	国标委 发改委 林业部	物联网在林业领域应用领域
36	物联网环保领域应用标准工作组	2012	国标委 发改委 环保部	物联网在环保领域应用领域

续表

序号	标准制定组织名称	成立时间	直属或主要支持部门	技术标准化范围
37	物联网交通领域标准工作组	2012	国标委 发改委 交通部	物联网在交通领域应用领域
38	全国电力系统管理及信息交换标准化技术委员会	2012	国标委	电力系统管理及信息交换领域
39	卫生行业 RFID 与物联网标准工作组	2012	卫生部	卫生行业 RFID 领域
40	中国智能家居产业联盟	2012	住建部、工信部、民政部	智能家居领域
41	物联网产业技术创新战略联盟	2013	科技部 民政部	物联网领域
42	中国智慧城市产业联盟	2013	工信部	智慧城市领域
43	智能电网传感器产业技术创新联盟	2013	智网委	智慧电网领域
44	物联网社会公共安全领域应用标准工作组	2013	国标委 发改委 公安部	物联网在社会公共安全领域应用领域

注：根据工业和信息化部电子技术标准研究院提供的数据、物联网基础标准工作组、物联网联合标准工作组官方网站数据统计，数据截止到 2014 年 7 月。

结合前期物联网产业标准制定组织的二手资料调查，研究组成员将焦点小组访谈样本锁定在 20 名具有 8 年以上工作经验，分布在上述三类标准制定组织从事标准制定和管理工作的成员单位代表（来自三类标准制定组织访谈代表的比重分别是 20%、50%、30%），将他们分成两组，分别进行焦点小组座谈，以获得上述研究问题的基本答案。接下来我们对 4 位技术标准化专家（最早从事物联网研究的中科院上海微系统与信息技术研究所的专家，长期从事电子信息领域标准化工作的工信部电子标准化研究院的专家，以及领先发展物联网技术的无锡物联网产业研究院的专家）进行个人深度访谈，以便深入理解焦点小组座谈的调研结果和获得更多的实际案例。最后，结合我们的理论文献和标准制定组织实践的调查结果，对我国新兴产业形成和发展的标准制定组织进行了研究，见表 5－2。

表 5-2　　访谈成员分布

标准制定组织	被访者类别	数量
原标准化技术委员会、行业标准化协会	全国信息技术标准化技术委员会人员	2
	全国通信技术标准化技术委员会人员	2
新组建的标准工作组、技术工作委员会	工业和信息化部电子标签标准工作组人员	3
	中国通信标准化协会泛在网技术工作委员会人员	3
	全国信息技术标准化技术委员会传感器网络标准工作组人员	4
行业协会、商会和产业联盟	中国智能家居产业联盟人员	2
	中国 RFID 产业联盟人员	2
	物联网产业技术创新战略联盟人员	2
技术标准化专家	中科院上海微系统与信息技术研究所人员	1
	工业和信息化部中国电子技术标准化研究院人员	2
	无锡物联网产业研究院人员	1

通过上面的二手数据、焦点小组访谈等数据来源，本部分共分析了 54 份标准制定组织管理文档和超过 80 页的访谈记录。由两名研究人员对上述两组焦点小组访谈的记录进行编码，采用 PRL 值衡量编码者间的信度（均在 0.8 以上），见表 5-3。

表 5-3　　标准制定组织分类编码和结构化过程

原始数据举例	一阶概念	二阶概念	PRL 值
建立以企业为主体、市场为导向，产、学、研相结合的工作体系，组织开展信息通信标准化活动；贯彻改革、开放政策，适应我国社会主义市场经济建设的需要，促进我国传感器网络的技术研究和产业化的迅速发展，积极参与国际标准化工作，并把国内、国际标准化工作结合起来，加快开展标准化工作	主要工作方式；所在技术领域和技术标准化范围；政策方向；参与主体	组织目标	0.871

续表

原始数据举例	一阶概念	二阶概念	PRL 值
成员大会是工作组的最高权力机构，项目组全面负责相关标准的研制工作；设立秘书处、组长和副组长；理事会是会员大会的执行机构，在会员大会闭会期间负责开展日常工作，对会员大会负责；成立了联盟管理机构，如联盟标准工作组、知识产权协调委员会等，并制定了联盟章程，在内部根据联盟成员的特点进行分工	组织机构的构成和分工；职位设置；职权；选拔条件	组织架构	0.883
按照公开、公平、公正和协商一致原则； 主要采用会议形式开展工作；含有专利的提案和技术标准文稿必须在文档中说明；无法协商解决的问题须经过秘书处提交成员大会解决	标准开发组织方式；知识产权处理；决策程序	标准开发和共识程序	0.908
具有法人资格的国内科研开发、设计、制造、运营企业，中外合资企业，以及在大陆注册的港、澳、台资企业等，按时交纳会费，经理事会批准成为会员；决定采取更加有针对性的优惠措施，发展更多的产品单一的企业和国内小型参加协会活动；包括核心企业和外围企业	成员类型；成员权利和义务；会费标准	开放度	0.827
工作组的组长和副组长人选需要报标委会批准并聘任；提出的国家标准制修订计划项目建议要报到标委会秘书处，由本专业标委会审核后报到国标委；国标委和业务主管部门会有小额经费支持，比如一个国标项目每年给 2 万元经费	标准的立项、报批和审核； 重要管理人员的确定；开展标准化工作的费用支持；帮助产业化推广	政府介入	0.886

注：PRL 值的计算方法：PRL＝{A－(1/K)[K/(K－1)]}1/2，其中 A＝F/TOT，F 表示两个编码者编码一致的数量，TOT 表示要进行编码的条目的总数量，A 表示一致性系数，K 表示每个条目可以划分的类别数量。

5.4　中国情境下形成的标准制定组织类别及情况分析

5.4.1　中国情境下新兴产业标准制定组织表现形式

（1）技术委员会形式

技术委员会是指在国家标准化管理委员会、国家业务主管部门领导下的负责国家具体行业技术领域标准化工作的专业标准化技术委员会，是由政府授权的非官方、非营利性中间组织，实质是政府行政机制下的延伸组织；其组织目标是按照国家战略需求和产业需求，做好标准化支撑工作。

技术委员会的业务范围包括在技术标准化过程中参与国家标准化战略规划和相关产业发展规划的制定，规定规范化、程序化、制度化的技术标准化工作流程以及对起草的标准进行论证，以一系列规则协调和平衡各方利益。技术委员会有效地支撑了国家技术标准体系的建设和标准化管理体系的有效运行，有效地解决国家监管部门对标准的需求和标准竞争的低效率问题，通过标准化活动管理和协调国与国层面、国家层面和行业层面的利益。

其组织结构通常是下设秘书处和分技术委员会，技术委员会的委员通常来自中央部委机构，以及少数高校和企业；各分委员会的成员单位类型广泛，包括行政管理机构、企业（制造商、运营商、服务提供商等）、技术研究机构（高校、科研院所）、用户等各类组织。技术委员会作为标准化活动的组织者，负责按照国家标准化规划推进技术标准的制订和实施；各分委员会在技术委员会的提议和领导下，在各自负责的子技术领域内进行标准开发和完善标准体系。

（2）标准工作组形式

标准工作组分为技术委员会直属的标准工作组和国家部委直属的标准工作组，是为了国家产业规划和发展与市场紧密结合的关键技术而专门成立的标准制定组织，主要任务是根据主管部门批准的标准制/修订计划，组织本领域有关单位完成标准项目的起草、讨论、评审和报批工作。标准工作组内部一般设立成员大会、秘书处和各标准项目组/专题组，内部管理和工作程序同技术委员会类似。标准工作组采取开放式原则组建，凡在中国大陆注册并且具有独立法人资格的企业、科研院所或高等院校等，均可提出申请参加工作组。成员单位代表应是本单位的技术骨干或专家。标准工作组受到技术委员会和国家部委（例如工信部科技司）的直接领导，包括工作组组长的任命、成员单位的审查、标准立项和标准工作组定期工作汇报等方面。

（3）协会形式

协会是指在产业业务主管部门、社团登记机关民政部批准下成立的从事产业技术领域标准化工作的非营利性社团组织，这里提到的协会包括标准化协会和一般性的行业协会（含商会）。

协会作为非政府组织在西方发达国家技术标准的形成、推动技术标准的发展和推进国家技术标准竞争能力等方面发挥了主导作用，协会标准也因其广泛的市场基础成为国家标准、行业标准的主要来源。在中国情境下，协会等团体制订标准的形式正在快速兴起和逐步完善，符合市场经济发展的规律。协会比政府部门、技术委员会、标准工作组更贴近企业、市场和国际最新动态，因此他们制定的技术标准更具有市场生命力。

标准化协会的组织目标是以市场为导向、以企业为主体组织行业领域的技术标准开发和扩散活动，包括向业务主管部门反映会员单位对标准工作的意见和要求，组织标准研究、立项、起草和审查，通过宣讲、咨询、服务及培训等方式推动标准的实施等。标准化协会下设会员大会、理事会、秘书处、技术工作委员会等常规部门，有的标准化协会还根据自身需求设立了技术管理委员会、专家委员会等机构。标准化协会对所有社会利益相关者开放，其成员单位以企业居多；标准化协会除了承担国家标准、行业标准项目，还可以发布协会标准。

与标准化协会不同的是，行业协会的组织目标是维护行业利益、促进行业健康发展，以及架起政府和企事业单位之间的桥梁。除了行业标准制定，行业协会的业务范围更为广泛，还包括市场规范、行业自律、海外维权、政策制定等方面的工作。行业协会通过建立技术委员会和标准化管理部门的形式负责标准化工作。行业协会也对所有社会利益相关者开放。

（4）产业（技术）联盟形式

产业（技术）联盟是指在政府的引导下，充分运用市场机制，以影响产业或企业长远发展的共性技术创新需求和重要标准等为纽带，为满足国家战略目标或重点产业发展的需求，通过各种技术创新要素的优化组合建立的利益共同体。其组织目标是成员单位通过合作研发、专利集成和许可、开发产品与服务、产业推广等活动共同推进标准的形成、产业化和市场化。产业（技术）联盟的成员单位类型和数量非常多，几乎覆盖整个产业链，其成员单位包括各产业链环节的优势企业、具有前沿水平的高校、科研院所等。组织结构方面，大部分产业（技术）联盟成立了一定的管理机构和制定联盟章程，下设会员大会、理事会等管理部门，以及根据业务板块设立的业务部门/任务工作组，通常包括技术标准部门（标准工作组），知识产权部门和市场推广部门等。例如，我国目前已经存在的闪联产业联盟，下设了策略联盟组、技术组、认证组和市场组。

产业（技术）联盟下的运作模式通常是：在标准尚不成熟的情况下先申请成为国际、国家标准或确立标准化目标，不断吸纳成员加入建设标准体系和围绕标准进行产业创新，进入形成包括技术基础、产品、方法、设备等在内的完善标准体系，在产品和服务的开发过程中融入标准技术。最终的结果是采用标准的产品和服务越来越多，技术标准被广泛采用和实施成为事实标准。因此，产业（技术）联盟在促进标准被市场广为接受和发挥市场效用方面起到重要作用。

（5）企业标准联盟形式

企业标准联盟模式，是指少数（两个或两个以上）行业领先企业以技术标准为契机组建的联合，参与主体围绕关键技术达成协议，通过合作研发、资源整合实现技术、产品和市场的领先优势，对其他竞争性技术标准构成强有力的威胁。企业标准联盟模式的制度特征和运作比较简单：①参与主体类型单一，同一行业中拥有基础专利、核心专利的少数领先企业是主要参与主体；②组织目标是为了应对市场竞争，通过加快新技术和产品的共同开发形成技术标准，并为其他企业提供融入标准技术的产品和服务；③联盟的组织结构比较简单，按照企业重要程度分为核心层企业、参与企业和外围企业，联盟运作的内部程序通常不对外开放；④企业标准联盟作为企业市场行为下自发形成的组织，政府介入程度很低，极少参与。

5.4.2 中国情境下新兴产业标准制定组织分类和比较分析

根据标准制定组织运作模式的关键制度特征和技术标准化中政府介入，发现上述这些标准制定组织表现形式可归纳为两种导向：一是任务导向型标准制定组织，这类标准制定组织除了由中央部委直接领导和发文建立，往往与国家科技发展战略密切相关，目的在于通过“标准先行”占据新兴产业的制高点。任务导向型标准制定组织通常是基于国家战略和国际竞争的需要首先确立技术标准，即在技术和产品尚不成熟的情况下先以法定标准的形式申请成为国家和国际标准，后期再不断完善技术标准体系。任务导向型标准制定组织产生的通常是具有共性、基础特征的技术标准，对我国新兴产业发展具有重大影响。一般以建立具有我国自主知识产权的技术标准为目的，通过标准规范我国产业行为，提升我国新兴产业整体竞争力，发展我国技术标准和参与国际标准竞争。由此，本书称这类标准制定组织为任务导向型标准制定组织。二是市场导向型标准制定组织，这类标准制定组织在新兴产业的比例将越来越重，它们主要是由产业内多家企业以标准为纽带先展开联合，然后逐步吸纳其他企业，通过标准研制、技术研发、专利共享、产品开发、市场推广等活动实现新兴产业内技术、产品和应用的领先优势，对其他竞争性标准构成强有力的威胁。此类标准制定组织在形成和发展过程中，时刻把握以市场为导向、实质促进产业发展为目标的战略方针，随着标准的落地，其战略重点是保证成员企业相关产品的开发、打入市场和实现产业化。上述两种标准制定组织的基本情况如表5－4所示。接着本部分将详细介绍中国情境下两类标准制定组织的具体情况。

（1）任务导向型技术标准制定组织

任务导向型技术标准制定组织在我国新兴产业的具体形式主要有技术委员会、技术标准工作组。

任务导向型标准制定组织一般早于新兴产业筹划或者与新兴产业发展同步，由于是在国家科技发展战略和国际竞争需求下率先形成和发展起来的技术组织，任务导向型标准制定组织多半是政府标准化主管部门组建或批准成立，内部组织运作总体上带有我国传统标准化组织管理体制的一贯风格。

从强化组织管理入手，虽然不同标准制定组织的具体特征和运作方式存在差异，任务导向型标准制定组织的关键制度特征体现为正式标准制定组织的特点。首先，任务导向型标准制定组织的组织目标是紧密结合国家标准化战略和国际竞争需求，以技术标准化为核心业务，建立新兴技术标准（或标准框架），制定新兴技术标准的总体目标和任务，全面开展国内、国际新兴产业标准化活动。任务导向型标准制定组织的组织架构一般包括层级清晰的行政职能部门和技术职能部门，行政职能部门有：①确定组织战略目标、工作制度和充当任何争端的最后仲裁者的部门，例如成员大会；②管理有关标准化活动的一系列日常运作的部门，例如秘书处；秘书处一般由国家技术标准化归口单位担任，它们是政府部委下属的事业单位；③各技术职能部门的负责人，例如主席/副主席，组长/副组长。技术职能部门通常设立多个围绕不同技术标准化范围成立的技术委员会、标准工作组和标准项目组，负责制订具体的工作计划并确保这些计划符合标准制定组织的战略发展目标，以及组织成员单位起草具体标准的技术规范。

任务导向型标准制定组织中的技术标准化过程遵循以下规则和程序：①标准立项经由政府标准化支撑单位把关，国家、行业标准起草和报批流程遵循我国标准化相关法律规定的“三稿三审”原则，即标准开发过程中将形成标准征求意见稿、标准送审稿和标准报批稿，并且经由相应的审查流程通过之后方可发布为正式标准；②标准制定组织本着公平、透明的原则和程序运作，标准制定组织的输出是共识，其技术标准决策是在全体成员协商一致的基础上产生；③所有成员都是自愿参与和自由退出，任何一个标准的执行都不以成员资格作为约束力。

任务导向型标准制定组织在成员开放度方面属于包容性组织，鼓励所有与待开发标准相关的利益组织参与，包括政府机构、企业、科研机构、第三方团体等，均可成为标准制定组织的成员单位。任务导向型标准制定组织的资料对成员单位免费开放，其中为了保证国内市场和企业的利益，港澳台企业和外资企业一般属于观察员，不具备投票权。在知识产权政策方面，任务导向型标准制定组织一般要求成员单位在提交技术提案时备注所含专利情况，涉及专利的技术提案由秘书处组织成员单位商议和投票决定是否采纳，采取“公平、合理和无歧视”原则。

任务导向型标准制定组织是新兴产业技术标准化中的排头兵、先锋队伍，体现了政府自身以实际行动宣传、落实新兴产业技术标准战略和规划，调动其他社会力量支持和参与新兴产业技术标准化活动。任务导向型标准制定组织中的政府介入度高，具体方式表现为直接性介入为主，其行为表现主要包括：①先于产业部署新兴技术研究和研发；②以国家重大科技专项的形式支持技术研发和难点攻关；③确立国家标准立项计划，筹备和组建标准化工作机制；④政府标准化支撑单位和专家进驻标准制定组织；⑤参与标准制定组织内部的重要决策，例如确定主席、组长人选；⑥监督标准制定组织的日常运作和进度；⑦出席标准制定组织的工作会议和非正式活动。以上内容如表5-4所示。

表5-4　　中国情境下标准制定组织形式和比较分析

中国情境下标准制定组织						
表现形式		技术委员会	标准工作组	协会	产业（技术）联盟	企业标准联盟
标准制定组织导向		任务导向型标准制定组织		市场导向型标准制定组织		
组织目标	标准制定组织成立的目的和战略方向	满足国家标准战略和政府监管的需求，紧贴产业热点，通过全方位的技术标准化工作为产业发展做好标准化支撑的专业标准化组织		以标准为纽带，运用市场机制为不同类型的企业构筑一个公平、开放、共荣、共生的平台，促进商务合作、企业交流、技术研发、技术产业化、市场拓展、资源整合		

续表

<table>
<tr><td colspan="7">中国情境下标准制定组织</td></tr>
<tr><td colspan="2">表现形式</td><td>技术委员会</td><td>标准工作组</td><td>协会</td><td>产业（技术）联盟</td><td>企业标准联盟</td></tr>
<tr><td colspan="2">标准制定组织导向</td><td colspan="2">任务导向型标准制定组织</td><td colspan="3">市场导向型标准制定组织</td></tr>
<tr><td>工作内容</td><td>标准制定组织的业务范围</td><td colspan="2">开展技术标准体系研究和技术调查，提出制、修订技术标准项目建议；
按国家标准制修订计划组织成员开展标准草案的起草、征求意见、协调等标准研究活动；
组织所在技术领域国内外技术与标准化的交流合作，参与国际标准组织的活动和国际标准的制定；
搜集、整理所在技术领域国内外标准相关信息和资料，支撑标准研究活动</td><td colspan="3">积极研究新兴技术、产品及应用的相关技术标准和规范，组织成员开展标准起草工作；
共同促进新技术、新产品、新业务和应用与市场的开拓；
提升产业链成员在企业运营、研究开发、生产制造的整体水平和竞争力；
提出促进新兴产业与应用发展的建设性意见</td></tr>
<tr><td>组织架构</td><td>标准制定组织的部门设置及职能规划等最基本的结构依据</td><td colspan="2">下设成员大会、秘书处、标准工作组/项目组等机构；
成员大会是最高权力机构，决定工作组章程和管理制度；
秘书处是标准制定组织的内外部接口，负责与政府部门的联络，负责标准起草、征求意见、审查活动相关的日常事务；
标准工作组/项目组负责具体的标准技术规范起草工作</td><td colspan="3">下设会员大会、理事会、秘书处、业务部门/任务工作组；
会员大会是最高权力机构，理事会是执行机构；
秘书处负责日常事务和项目的协调、管理工作；
业务部门/任务工作组负责技术标准、产业协调、市场发展、业务发展、知识产权等不同方面的工作</td></tr>
<tr><td>标准开发和共识程序</td><td>标准开发过程的内部流程、规则和程序</td><td colspan="2">标准开发遵循“三稿三审”流程；根据成员类型分配投票权，一项决议须获得2/3以上投票通过；
知识产权政策遵循公平、合理和不带歧视性原则（FRAND）；
基于共识协商原则解决冲突，秘书处是协调机构，标准制定组织的最高权力机构是争端的最后仲裁机构</td><td colspan="3">标准开发以引领产业健康发展为目标；参照“三稿三审”流程，参照行业标准制定的程序规范，但标准开发过程更为快速；
可以制定协会标准、联盟标准，
集体表决，标准制定具有行业共性和行业实用性；
重要决议经由核心会员大会决策；
知识产权政策灵活多样，包括免费许可、有偿许可等</td></tr>
</table>

续表

<table>
<tr><th colspan="7">中国情境下标准制定组织</th></tr>
<tr><td colspan="2">表现形式</td><td>技术委员会</td><td>标准工作组</td><td>协会</td><td>产业（技术）联盟</td><td>企业标准联盟</td></tr>
<tr><td colspan="2">标准制定组织导向</td><td colspan="2">任务导向型标准制定组织</td><td colspan="3">市场导向型标准制定组织</td></tr>
<tr><td>开放度</td><td>进行标准开发和扩散的开放程度，包括成员招募，会费标准，以及权限等</td><td colspan="2">鼓励所有与待开发标准相关的利益相关者参与标准制定组织；
按照组织性质对成员进行正式成员、观察员划分，正式成员、观察成员征收不同的会费和技术活动费；
允许成员单位从官方工作网站上下载任何资料</td><td colspan="3">企业是最主要的参与主体；
根据产业技术创新的需要，在合作的技术领域内具有前沿水平的大学、科研机构中介机构可作为成员发挥积极的作用；
按照任务分工和参与度对成员进行分级管理和征收会费；
规定不同级别成员企业的权利和义务</td></tr>
<tr><td colspan="2">关键制度特征</td><td colspan="2">正式标准制定组织特点</td><td colspan="3">非正式标准制定组织特点</td></tr>
<tr><td rowspan="2">政府介入</td><td rowspan="2">政府影响标准制定组织形成和发展过程的策略和方式</td><td colspan="2">1. 先于产业部署新兴技术研究和研发；
2. 以国家重大科技专项的形式支持技术研发和难点攻关；
3. 确立国家标准立项计划，筹备和组建标准化工作机制；
4. 政府标准化支撑单位和专家进驻标准制定组织；
5. 参与标准制定组织内部的重要决策，例如确定主席、组长人选；
6. 监督标准制定组织的日常运作和进度；
7. 出席标准制定组织的工作会议和非正式活动</td><td colspan="3">1. 支持、引导产业内领先企业之间进行联合技术研发、组建联盟；
2. 对标准制定组织组建的必要性和技术性和组织形式给予建议；
3. 提供金融支持，比如制定专项规划，设立标准化专项奖励资金，提供企业研发资助和贷款贴息；
4. 产业化过程中发起产业带动和示范活动、完善标准化法律法规、完善税收政策；
5. 产品的市场推广过程中实施政府采购政策，为围绕标准开发的产品预留市场空间、协调企业间的利益关系</td></tr>
<tr><td colspan="2">直接性介入为主，介入度高</td><td colspan="3">间接性介入为主，介入度低</td></tr>
</table>

（2）市场导向型标准制定组织

市场导向型标准制定组织在我国新兴产业的具体表现形式有协会、产业（技术）联盟和企业标准联盟。

市场导向型标准制定组织一般主要在新兴产业有比较明显的产业需求和规模时出现。市场导向型标准制定组织多半是民政部批准成立的非营利性社团组织、政府鼓励或市场力量自发组建的联盟组织。从标准制定组织的关键制度特征看，市场导向型标准制定组织的内部运作呈现为非正式标准制定组织的特点。在市场导向型标准制定组织的战略蓝图里，标准、技术、研发、生产、市场是一体的。市场导向型标准制定组织是一类以市场为导向、以标准为纽带、以市场拓展和产业开发为最终目标的标准制定组织，除了开展标准研制工作，标准制定组织的业务范围还包括标准产品研发、市场化和产业化推广。大部分市场导向型标准制定组织建立了基本的组织架构，包括会员大会、理事会、秘书处、业务部门/任务工作组，其中业务部门/任务工作组根据标准制定组织自身的发展特点而定，组织架构非常灵活，除了专门制定标准的工作组，还包括技术管理部门/工作组，产业协调部门/工作组，市场推广部门/工作组，业务拓展部门/工作组，知识产权部门，等等。市场导向型标准制定组织中的秘书处负责日常工作，对会员大会负责，秘书处单位的选择也较多，可能是政府部门下属的事业单位或者政府认可、授权的企业、技术研发机构承担，主要起到支持和服务的作用。

就技术标准化过程而言，市场导向型标准制定组织中的标准开发以标准具有行业共性和实用性为目标，一般参照“三稿三审”的国家标准和行业标准制定的程序规范。由于申请国家标准或行业标准或地方标准立项和制定，不但周期长而且将来会出现频繁修订标准的现象，不利于及时引导、规范新兴行业的发展和减少行业无谓和重复投资。因此，为了尽快制定新技术的规范以迅速打开生产，市场导向型标准制定组织还可以启动联盟标准机制，即允许与某项新技术相关的企业或研究机构联合制定联盟标准或者协会标准，以及快速根据市场及企业出现的共性问题及时修订联盟标准。这样能及时解决前期标准中出现的滞后问题，及时引导行业快速规范的发展。例如联想、长虹、TCL等联合制定的闪联联盟标准已被推荐为国际标准。市场导向型标准制定组织通常把知识产权置于工作的核心位置，组建专利池、商标运作中心等知识产权管理机制。专利拥有者之间可能是合作研发关系，专利免费许可或者有偿许可关系，专利拥有者和使用者之间是专利许可关系。

在市场导向型标准制定组织中，企业是最主要的行动主体，根据产业技术创新的需要，在合作的技术领域内具有前沿水平的大学、科研机构中介机构也可作为成员发挥积极的作用。市场导向型标准制定组织根据联盟成员的特点进行分工，按照任务分工和参与度对成员进行分级管理和征收不同级别的会费，规定不同级别成员企业的权利和义务。例如，闪联产业协会针对不同企业分配不同的任务，将成员划分为核心会员、推广会员、普通会员和观察会员；AVS产业联盟将成员单位划分为标准成员、普通成员和理事成员，其中理事成员的会费标准最高。

总体上，我国新兴产业形成和发展的市场导向型标准制定组织仍然参差不齐，由于运作时间短，缺少经验，大部分标准制定组织层次不高，不管是市场化程度、组织管理，企业规模，技术实力等都无法跟国际和发达国家的企业标准联盟相比，但在完善标准体系、知识产权体系、产业化体系以及市场化治理结构等方面进行了非常多有益的尝试。为了充分发挥市场导向型标准制定组织在标准产业化发展中的作用，通常市场导向型标准制定组织形成和发展中的政府介入度较低，以间接性介入方式为主，其行为表现主要包括：①支持、引导产业内领先企业之间进行联合技术研发、组建联盟，对标准制定组织组建的必要性、技术性和组织形式给予建议；②提供金融支持，比如制定专项规划，设立标准化专项奖励资金，提供企业研发资助和贷款贴息；③产业化过程中发起产业带动和示范活动、完善标准化法律法规（如明确产业联盟的法律地位，给予产业联盟等标准制定组织更加宽松的法律环境、完善税收政策；④产品的市场推广过程中实施政府采购政策，为围绕标准开发的产品预留市场空间、协调企业间的利益关系。

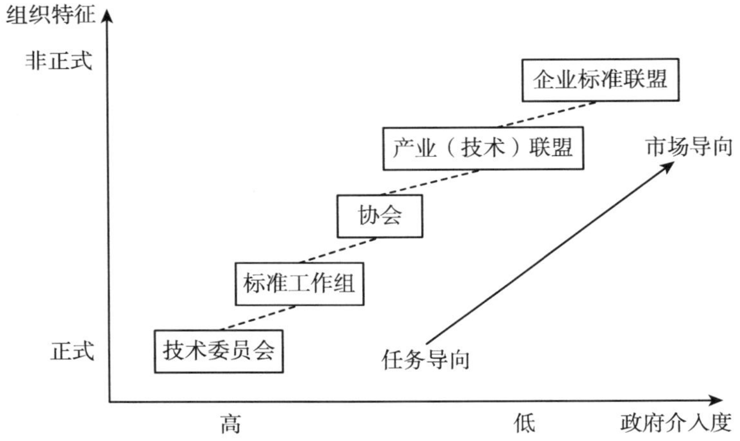

图5－1　中国情境下新兴产业技术标准化的组织模式演进

5.5 本章小结

本章为了解决“新兴产业技术标准化的组织模式，即新兴产业形成了什么样的标准制定组织?”的问题，根据西方产业情境下形成和发展的两类主要标准制定组织——正式标准制定组织和非正式标准制定组织文献归纳了标准制定组织运作模式的典型制度特征，并根据中国情境特征提出了标准制定组织形成和发展过程中的政府介入视角，在此基础上经过前期的二手资料收集、焦点小组访谈之后，对上述数据进行了内容编码和结构化分析，提出以下结论：

结论 5：新兴产业技术标准化过程中的标准制定组织表现形式包括技术委员会形式、标准工作组形式、协会形式、产业（技术）联盟形式和企业标准联盟形式。

中国情境下新兴产业技术标准化中的标准制定组织表现形式多种多样，这与我国从计划经济向市场经济转型的国情分不开。计划经济体制下的标准化管理体系决定了我国大绝大部分技术标准由政府领导、监督下的机构制定和修改，因此造就了技术委员会、标准工作组为主要表现形式的标准制定组织。自国家标准化管理委员会组织编制并发布的《标准化“十一五”发展规划》以来，明确提出了我国施行市场导向和建立符合社会主体市场经济规律的标准战略框架、标准化管理体制和运行机制，在这一举措下，以市场为导向、企业为主体参与的标准制定组织逐渐建立，出现了协会、产业（技术）联盟和企业标准联盟等标准制定组织形式。

结论 6：根据西方文献对标准制定组织运作模式的归纳和中国情境下政府介入程度的考察，将上述标准制定组织表现形式归纳为两种技术标准化导向，一类是政府介入度高和呈现正式标准制定组织特征的任务导向型标准制定组织，另一类是政府介入度低和呈现非正式标准制定组织特征的市场导向型标准制定组织。这也反映了我国技术标准化模式由任务导向逐渐迈向市场导向的演变趋势。

首先是政府介入度高和呈现正式标准制定组织特征的任务导向型标准制定组织，这是国家科技创新战略和组织技术标准化的传统形式。国家从战略高度部署新兴产业技术标准化的路线方针，注定了政府在标准制定组织形成和发展过程中各方面的主导和介入，但这有效地启动了我国新兴产业技术标准化工作，确保了技术标准框架和共性标准规范的建立和起到了良好的宣传、带头作用。

其次是政府介入度较低和呈现非正式标准制定组织特征的市场导向型标准制定组织，这为新兴产业技术标准化的发展注入了活力。市场导向型标准制定组织是中国由计划经济体制向市场经济体制转型和大力推进标准化建设的过程中催生出来的标准制定组织类型。市场机制和市场力量大规模的投入，其优势是根据市场需求研发标准和进行产业化推广，使得标准既能起到行业规范的作用，又能产生真正的市场效应，获得企业经济效益和新兴产业发展的双赢；其劣势是中国情境下市场导向型标准制定组织的组织机制还有待进一步的完善。

本章对中国情境下新兴产业技术标准化组织模式——标准制定组织进行分类，这为接下来案例研究的理论抽样提供了便利和进一步深入研究打下了基础。这些微露端倪的因果链则为标准制定组织研究的进一步深入提供了初步的分析脉络。

第6章　标准制定组织中多元主体合作网络内在机理研究

6.1　本章研究问题

通过前面章节的分析已经了解到标准制定组织是实施新兴产业技术标准化战略的重要组织模式，中国情境下新兴产业技术标准化过程中形成了两种导向的标准制定组织——任务导向型标准制定组织和市场导向型标准制定组织。我们已经知道，标准制定组织形成发展的根本目的是基于多元行动主体的合力制定推动产业发展的技术标准，由于多元主体之间的参与和互动，标准制定组织中的技术标准化是一个多层级的、复杂的网络化过程，那么究竟标准制定组织模式下技术标准化的多元主体合作网络呈现什么属性和互动规律，这是本章探讨和期望解决的主要问题，并期望借助技术标准研究、社会网络理论和现实数据的比对能厘清不同层次的行动主体及其功能。

6.2　理论基础与研究思路

6.2.1　技术标准研究

技术标准文献关注网络对技术标准化的积极作用。研究表明，技术复杂性和开放式创新趋势下的技术标准化具有网络特征，以及技术标准化过程中的信息交换、集体行动和任务协同需组织间网络的支持（Ehrhardt，2004）。接下来，我们将对技术标准合作网络及合作参与者进行探讨。

Langlois（1998）提出了基于技术标准进行链接的企业间构成的合作网络。Passiante & Secundo（2002）认为，由于技术标准在很大程度上是以模块方式提出的，技术标准合作创新网络中，通过各企业之间相互交换数字化（编码化）知识，每一个企业都将自己独特的产品或服务价值添加到网络中，从而提高整个网络的价值。Pelkmans（2001）认为正是这种以编码化知识——技术标准为共同目标和联系机制的虚拟化网络的出现，打破了市场中主导型企业不愿意推出或支持开放性兼容标准，或主导型企业不太可能进行标准化合作的假设，出现了多个以技术标准为主导的合作网络。Egyedi（2003）认为技术标准合作网络是指两个及两个以上的行动者以开发标准为目标产生的联结的集合。产生技术标准合作网络的例子有企业标准联盟、协会（Hill，1997），以及正式标准制定组织（技术委员会，标准工作组）（DeVries，1999）。王珊珊等（2014）认为，新兴产业技术标准化中的技术标准合作网络通常表现为产业联盟等标准制定组织，各节点是参与标准制定组织的行动者。由于某一新兴产业可能存在多个标准制定组织来建设不同细分领域的技术标准，因此存在多个技术标准合作网络。

对于技术标准合作网络中的参与者，国内外研究学者对其进行了初步的探讨。国外研究中，Jan van den Ende et al.（2012）以三个技术标准为案例分析了标准内容和以企业为行动主体的参与者网络之间的动态机制。Leiponen（2008）以无线通信领域的标准制定组织——3GPP 为例，探讨了参与该标准制定组织的企业的外部合作网络影响技术标准化结果的能力。Marcus et al.（2006）在分析美国住宅抵押贷款行业的标准化现象时指出，技术标准化中的集体行动困境与参与者的异质性有关，这里的参与者包括企业、金融机构、个人和保险公司等。Keil（2002）以蓝牙技术标准联盟为案例进行研究，认为蓝牙标准成功的原因之一是涵盖供应商、销售商、互补性产品和服务商等企业行动主体的标准联盟的有效组建。国内研究中，王珊珊等（2014）运用社会网络思想分析了新兴产业技术标准化的过程，认为新兴技术的复杂性和不确定性导致新兴产业技术标准化的过程参与主体非常多，除了企业，高校、科研院所、政府、标准化机构、协会等组织也会参与。宋华琳（2007）以技术标准领域为中心探讨了标准制定过程中的多元主体角色，该多元主体包括政府行政机关、企业、协会，专家和消费者。韦海英（2005）围绕高新技术企业，分析了技术标准合作网络中的互动关系。芮明杰和巫景飞（2003）描绘了一个由标准供应商、互补品生产商、终端产品销售商和终端顾客构成的网络关系简图，并围绕标准的提供与利用分析了他们之间的关系。

新兴产业技术标准合作网络通常在标准制定组织模式下形成（王珊珊，许艳真，李力，2014；漆玉虎，郭进利，王志省，2013；宋华琳，2007）。标准制定组织的定位是，作为一个第三方平台落实各方行动主体合作制定标准以及扩散技术标准的行为，是多元主体技术标准合作网络的承载实体。新兴产业的多元主体不仅仅是多个企业，还包括高校、科研院所、政府部门甚至更多类型的参与者和行动主体。但有几点值得继续思考：第一，新兴产业是在标准制定组织模式下形成技术标准合作网络，但是现有研究在讨论技术标准合作网络时较少考虑这一点，特别是标准制定组织多种多样，对于不同标准制定组织之间的横向比较研究相对欠缺，不同标准制定组织中技术标准化的多元主体合作网络内在机理都没有清晰的研究。第二，现有研究多数围绕企业这一类型的行动主体探讨技术标准合作网络，较少考虑其他行动主体的角色。而中国情境下的特点是，除了企业，高校、科研院所等其他类型的行动主体在技术标准化中的作用同样不可忽视，值得进一步分析。

6.2.2　社会网络理论

社会网络理论可以灵活地被用于解释各种行动者（如个人、群体、组织等）和各种类型的关系（Brass et al.，2004；Contractor，Wasserman & Faust，2006）。对于本研究所关注的新兴产业技术标准化而言，社会网络理论有着高度适用性，因为新兴产业技术标准化本身就是一个包括多元行动者以及它们相互之间各种关系的网络。社会网络的作用逻辑可以表述为：行动者处于某种社会网络中，网络中的行动者分别代表着不同的资产、知识、信息、经验和信誉，所以这种社会网络中蕴含着行动者可资利用的社会资源。当行动者为了某种经济和技术活动而动用这些资源时，嵌入性就开始产生作用（王凤彬、李奇会，2007）。

社会网络分析中存在两个相互补充的研究视角：关系嵌入和结构嵌入（Granovetter，1992）。关系嵌入的研究视角通过分析网络中二元关系的性质与强弱程度，探讨网络行动者间的联结和互动关系问题。Granovetter（1992）用互动频率、亲密程度、关系持续时间以及互惠内容等来判断连接关系的强弱。如果网络行动者之间呈现“亲密度低、互惠往来少”的特征，这表示网络行动者之间建立的是弱关系；相反，如果呈现“互动频率高、亲密度高、关系持续时间长和互惠往来多”的特征，这表示网络行动者之间建立的是强关系（赵文军，谢守美，2011）。强关系体现出其在提高创新主体间协作程度的同时也使得隐性知识能够被充分共享，降低了行动者的交易成本，促进了网络资源的流动和网络信息的交换。弱关系则提高了信息冗余度，丰富了网络资源（张宝建，胡海青，张道宏，2011）。也有研究认为关系嵌入性的要素主要是信任、优质信息共享和共同解决问题的安排（McEvily，Marcus，2005）。相似地，Gulati & Sytch（2007）认为关系嵌入性包括共同行动、信任以及信息交换的质量与范围三大要素。

赵辉和田志龙（2014）将结构嵌入的研究重点归纳为分析社会网络的密度和网络行动者所处的位置，因此一方面强调了社会网络的整体功能和结构，另一方面关注了网络中的行动者角色。研究认为，网络密度越大，表示网络行动者之间的直接联系更多，这说明了网络行动者之间的信息沟通和资源共享更多，整体网络结构也更加紧密（Hansen，Podolny，and Pfeffer，2001）。网络位置的主要变量是中心度和结构洞。中心度指标反映的是行动者是越接近网络的中心位置还是处在边缘位置，反映了行动者在网络中的影响力（赵辉，田志龙，2014）；结构洞是指网络中行动主体之间无直接联系的现象，结构洞指数反映了网络行动者对网络资源的控制程度（罗家德，2010）。总体而言，网络位置是行动者之间建立关系的结果，同时反映了网络行动者获取资源和新知识的机会（钱锡红，杨永福，徐万里，2010）。

6.2.3 对已有研究的评述及研究思路

已有技术标准研究以及社会网络理论表明：（1）新兴产业技术标准化的特点是依赖政府、企业、大学等各类行动者在标准制定组织中合作制定标准，本文中将它们统称为多元行动主体，简称“多元主体”；（2）标准制定组织开展新兴产业技术标准化的过程中，多元主体的参与和互动产生了合作网络，除了企业是当前研究主要探讨的对象，高校、科研院所等其他类型的行动者在技术标准化合作网络中的作用不可忽视但在当前研究中没有得到足够重视，值得进一步分析；（3）在社会网络理论框架下，可通过关系嵌入和结构嵌入的视角进一步研究技术标准化合作网络中的关系强弱、所处的位置和发挥的作用。为此本书希望立足本土实践，通过案例研究回答以下问题：第一，新兴产业标准制定组织中的技术标准化合作网络具备什么特征？多元主体的作用是什么？互动方式有哪些？第二，基于社会网络视角探讨技术标准化合作网络产生了什么互动结果？

6.3　双案例研究设计

6.3.1　方法定位

由于中西方在经济环境、政治制度、文化背景等方面存在较大差异，西方现有理论体系和结论不能完全照搬过来指导中国情境的实践，因此，使用案例研究方法对新情境下的理论创建具有重要意义。自 2010 年我国明确七大战略性新兴产业以来，每一个新兴产业都面临技术标准化问题。本研究选择物联网产业标准制定组织作为观察对象，是因为在七大战略性新兴产业中，物联网产业作为新一代信息技术产业的重要构成是国内外关注度高、我国进行重要突破的技术标准化领域；多方行动者在标准制定组织中参与技术标准化工作，并形成了具有典型性和代表性的技术标准化合作网络。

6.3.2　案例选择

在选择案例标准制定组织时考虑以下几点：（1）选择跟随物联网产业成长和具有丰富发展经验的标准制定组织，所选物联网标准制定组织历经了 10 年和 10 年以上的发展时间，并且获得政府、行业和社会媒体好评较多，从而保证案例的典型性；（2）根据中国情境下标准制定组织的特点和理论抽样原则，结合文献和调查选择了一个代表基于政府任务导向产生的标准制定组织（WGSN）和一个代表转型经济背景下市场为导向产生的标准制定组织（CCSA/TC10），案例研究中极化类型（Polar Type）的选择有助于更加鲜明地展示构念之间的关系，增强案例的代表性；（3）数据完整性和可获得性。所选择的 WGSN、CCSA/TC10 属于物联网领域最早成立的一批标准制定组织，技术标准化工作进展快且建立了专门的工作网站，能保证获得较为全面与长期的获取资料。通过各种渠道研究团队与 WGSN、CCSA/TC10 建立了良好互动关系，能够在 WGSN、CCSA/TC10 管理层许可下深入开展调研和取得丰富的调研数据（见表 6－1）。

表 6－1　　　　案例标准制定组织基本特征描述

标准制定组织名称	全国信标委/WGSN （任务导向型标准制定组织）	CCSA/TC10 （市场导向型标准制定组织）
成立时间	1983/2009	2002/2010
标准化主管部门	国家标准化管理委员会； 全国信息技术标准化委员会	国家标准化管理委员会 全国通信标准化技术委员会
业务主管部门	工业和信息化部	工业和信息化部
社团登记管理部门	无	民政部
业务范围	物联网技术标准制修订工作	物联网技术标准制修订工作
技术范围	传感器网络层面； 涉及传感器网络以上的通信部分和应用部分	通信网络和应用层面的标准制修订工作； 涉及传感器网络层面的工作内容
组织愿景	在信息技术领域内从事全国性的传感器网络技术标准化工作，负责对 ISO/IEC JTC1 的国际归口工作，以及与国外相关标准制定组织的沟通、交流	在通信技术领域内，建立以企业为主体、市场为导向，产、学、研相结合的工作体系，组织开展全国范围内的泛在网络标准化活动
总体组织架构	全国信息技术标准化技术委员会（简称“全国信标委”）： 秘书处； 24 个分技术委员会； 18 个直属标准工作组	中国通信标准化协会（CCSA）： 会员大会； 理事会； 秘书处； 专家咨询委员会； 技术管理委员会； 产业联盟论坛； 13 个技术工作委员会
案例的组织架构	WGSN： 成员大会； 秘书处； 组长/副组长； 14 个标准项目组	CCSA/TC10： 主席/副主席； 组长/副组长； 4 个标准工作组

续表

标准制定组织名称		全国信标委/WGSN（任务导向型标准制定组织）	CCSA/TC10（市场导向型标准制定组织）
案例标准制定组织发展阶段的关键性事件	萌芽阶段	1999 年面对国家发展重点技术领域的需求和战略部署，以中科院为主导成立了上海微系统研究与发展中心，启动传感器网络技术研究； 2004 年相关研究成果（无线智能传感网络通信技术、微型传感器、传感器节点、簇点和应用系统等）在北京进行了大规模外场演示，得到了国家有关部委领导的肯定与嘉许； 2006 年全国信标委开始组织相关单位进行传感器网络标准的研究； 2007 年国标委正式批准在全国信标委下筹建国家传感器网络标准工作组； 2008 年全国信标委在江苏无锡召开了无线传感器网络工作组筹备会议，与会代表首先对工作组章程草案、工作计划草案和知识产权规约草案进行了讨论	2005 年 ITU、ETSI 等国际标准制定组织展开泛在网络研究，引起了 CCSA 的密切关注； 2005—2008 年早期泛在网络的研究分布在 CCSA 的无线通信技术、网络与交换技术等技术工作委员会中进行，属于不同的需求而进行零散的研究； 2009 年协会副秘书长武冰梅指出，产业界的技术研发在不断革新和融合，协会在无线通信领域标准化研究的基础上，十分关注泛在网络技术研究； 2009 年中国电信的江志峰、中国移动的常嘉岳和中国联通的马书慧结合各公司的应用实践，对泛在网络在各个行业的具体应用进行了介绍； 2009 年在工业和信息化部的支持和领导下，CCSA 对成立泛在网络技术工作委员会事宜进行了广泛地调研； 2009 年协会专家咨询委员会、技术管理委员会进行了充分的讨论； 2009 年在 CCSA 二届理事会第八次会议上决议通过组建泛在网络技术工作委员会
	组建阶段	2009 年 WGSN 正式成立，设立了 8 个标准子组，确定了各项目子组的召集人，从信息技术行业角度开展传感器网络标准化工作； 2009 年在合肥召开了 WGSN 工作会议，决定由秘书处单位会同组长单位起草工作组标准制定原则，进一步加强各项目组工作进度的管理	2010 年 CCSA/TC10 正式成立，从通信行业的角度全面启动泛在网络的技术标准化工作； 2010 年 CCSA/TC10 大会选举 TC10 的主席和副主席，确立了四个标准工作组； 2010 年选举出 TC10 下设四个工作组的组长/副组长 21 名； 2010 年 TC10 根据各运营商开展的与泛在网相关的各项业务，研究院所、生产企业提出的各项技术解决方案，以及面向具体行业的信息化应用实例，形成若干项目组，有针对性地开展标准研究

续表

标准制定组织名称		全国信标委/WGSN （任务导向型标准制定组织）	CCSA/TC10 （市场导向型标准制定组织）
案例标准制定组织发展阶段的关键性事件	全面技术标准化阶段	2009 年启动了 8 个标准项目，其中 2 项是行业标准，6 项是国家标准项目； 2010 年启动了 3 个国家标准项目； 2011 年 WGSN 第八次全体会议正式发布了 6 项国家标准征求意见稿； 2012 年启动了 7 个国家标准项目	2007 年有 1 个标准项目； 2009 年有 2 个标准项目； 2010 年对“泛在网络标识、解析与寻址体系”等 35 个标准项目启动研究； 2011 年启动了 19 个标准项目； 2012 年启动了 26 个标准项目； 2013 年启动了 23 个标准项目； 2014 年启动了 15 个标准项目
技术标准化合作网络		总计 16 个国家标准项目和 2 个行业标准项目，在 85 家成员单位之间形成了技术标准化合作网络	总计 50 个研究课题标准项目，22 个行业标准项目，9 个国家标准项目，14 个协会标准项目，26 个技术报告标准项目，在 25 个成员单位之间形成了技术标准化合作网络

6.3.3 资料收集

鉴于多源数据的三角验证能提供更精确的信息和更稳健的理论结果，根据研究问题确定了所需要以及可获得的证据种类，然后对每个标准制定组织都经过了下列四个步骤收集二手资料和一手信息（见表 6－2）。

表 6－2　数据来源

数据种类	数据收集过程
二手资料	通过对政府标准化部门的访谈，识别了物联网技术标准化中成果突出的标准制定组织——WGSN 和 CCSA/TC10，在此基础上了解标准制定组织的发展历史、相关负责部门和技术标准制定的外围情况，包括公开报道、标准化研究报告、文献调阅和标准制定组织网站的公开信息
内部资料	与 WGSN、CCSA/TC10 建立联系后，向工作人员索要了 WGSN、CCSA/TC10 的内部资料，包括标准制定组织运作的内部制度和章程、组织结构、成员规模，相关会议纪要等；在得到标准制定组织管理层授权的情况下，登录 WGSN、CCSA/TC10 收集每个标准制定组织中成员参与标准项目情况的实际数据（例如标准项目文档，技术性提案，数据截止到 2014 年 7 月），便于识别哪些行动主体之间建立了联系和发生了资源、信息的流动，以及识别行动主体在标准制定组织互动网络中的网络位置和对信息、资源的控制程度

续表

数据种类	数据收集过程
半结构化访谈	通过访谈 WGSN、CCSA/TC10 的管理层人员，与 WGSN、CCSA/TC10 相关的政府部门、担任和参与标准起草工作的成员，掌握技术标准化合作网络形成发展过程的一手资料，两个标准制定组织共访谈了 18 人，对每个标准制定组织中的工作人员采取多次访谈，详细了解成员在技术标准化过程的行为角色、行为方式和互动关系，每一次访谈过程尽量控制在 3 个小时以内，最短访谈时间不低于 40 分钟
实地观察	通过参与 WGSN、CCSA/TC10 工作会议的方式进行了一些实地观察，体验技术标准的起草过程和技术标准化活动现场，旁听标准制定组织成员之间的交流信息，观察成员之间的沟通与互动

6.3.4　变量界定与数据分析

本研究采用数据编码和归类的方法对资料进行分析，数据包括二手资料、内部资料、访谈记录和会议观察。编码工作先由本书作者之一进行，然后由本研究的合作者进行核对，在讨论的基础上达成一致看法。首先通过初始编码使原始资料概念化，再通过聚焦编码把这些初始概念归类到分析技术标准化合作网络的互动规律。

（1）多元主体

根据 WGSN、CCSA/TC10 技术标准项目中参与单位的调查数据（截止到 2014 年 7 月 31 日），对出现在两个技术标准化合作网络中的行动者进行编码。初步将技术标准化合作网络中行动者的类型分为政府、学研机构、企业和秘书处，并且判断他们在技术标准化合作网络的功能。

表 6－3　　多元主体编码

多元主体	判断标准	举例说明
政府 =1	制定和实施公共决策的国家行政机关	工信部、民政部、国标委
学研机构（含高校、研究院所） =2	有明确的研究方向和任务，并长期从事研究与开发活动的机构	重庆邮电大学、中科院、无锡物联网产业研究院

续表

多元主体	判断标准	举例说明
企业=3	参与到物联网技术标准化工作中的各类营利性组织，包括国有、民营、合资和外资企业	中国移动、烽火科技、华为、联发科
秘书处=4	全权负责标准制定组织日常事务的常设机构	电子技术标准化研究院、工信部电信研究院

（2）互动方式

通过对二手信息、访谈记录、实地观察、内部资料的整理分析，每一个技术标准项目涵盖具体技术标准的制定和决策过程，与之紧密关联的互动行为有提供信息、收集信息、交换信息、评核方案、提供反馈、表明立场，在这些互动行为基础上形成的互动方式包括共同立项、担任编辑、联合提案、意见征询和跟踪学习（见表6－4）。

表6－4　　　　互动方式与互动行为

互动方式	互动事项	互动行为					
		提供信息	收集信息	交换信息	评核方案	提供反馈	表明立场
牵头立项	联合进行预研究、商议成立起草团队、商议技术标准项目工作计划、商议技术标准化工作会议的组织安排和会议内容、参加标准化工作会议、协调冲突和问题、管理标准研制经费	*	*	*	*	*	*
草案编写	商议技术标准文稿框架、商议起草工作的分工、协调起草进度，征求意见和修改	*	*	*	*	*	*
联合提案	商议技术细节和达成一致的解决方案，提交到工作会议讨论			*	*	*	*
意见征询	在技术标准化会议上提供产业分析、研究报告，就具体标准草案的内容进行讨论或对技术草案提出更改意见	*		*	*		
跟踪学习	聆听技术标准化工作会议，获取阶段性工作文件和技术资料		*				

（3）互动结果

借鉴社会网络文献中对关系嵌入性的常用测量维度和结合技术标准化活动的自身特点，本研究用目标一致程度、互动频率、共同解决问题的安排和信任度四个方面来表征多元主体在技术标准合作网络中的关系嵌入性（见表 6－5）。

表 6－5　　　　技术标准化合作网络互动结果的变量界定

变量	内涵	关注信息
关系嵌入性	各方行动者互动表现出的关系强弱和关系性质	①各行动者做了哪些工作，对其他行动者行为方式的了解和行为目标的感知；②促进行动者相互协调并一起解决合作中遇到的问题的行为；③各行动者之间基于信息、资源流动的渠道产生直接联系的频率；④行动者对另一方不会利用自己的弱点来获取利益的信心
结构嵌入性	①网络结构：用网络密度表示，指网络内行动者之间的连接（直接联系）占所有可能连接的比例	①哪些行动者之间建立了直接联系并发生了资源、信息的流动；②哪些行动者之间只建立了间接联系、通过其他行动者传递信息和资源
	②网络地位：行动者在网络中的位置（核心位置还是边缘位置）和对信息、资源流动的控制程度	①网络位置用程度中心度表示，指社会网络中某个节点的连接关系总数除以该节点在网络中的最大可能连接关系数，为了便于不同网络之间的比较，测算标准化程度中心度；②对信息、资源流动的控制程度用结构洞指数表示，测量中间中心度指数（刘军，2009），如果一个点处于许多其他点对的捷径（最短的途径）上，该点就具有较高的中间中心度

6.4　研究结果

6.4.1　技术标准化合作网络和多元主体

将 WGSN、CCSA/TC10 技术标准化合作网络展示如下图 6－1。图 6－1（a）（b）分别是使用 UNICET 软件分析并画出 18 个传感器网络技术标准项目、121 个泛在网技术标准项目下行动主体构成的技术标准化合作网络，其中每一个节点代表一个行动者。

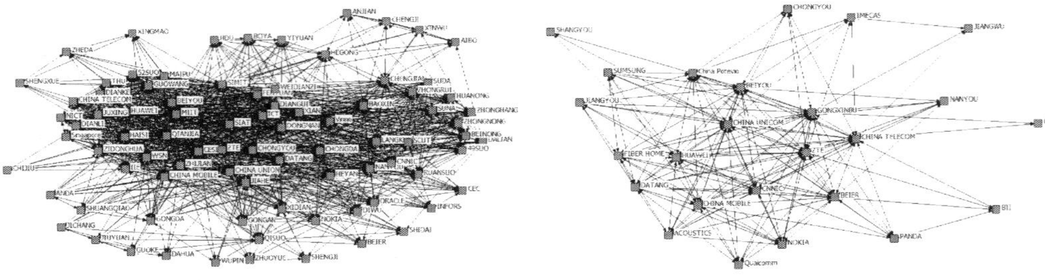

（a）整体网络图（WGSN）　　（b）整体网络图（CCSA/TC10）

图 6－1　传感器网络和泛在网技术标准化合作网络

这部分对标准制定组织中的技术标准化合作网络和多元主体进行分析（见表 6－6），具有以下特点：

第一，新兴产业的技术标准化合作网络的建设需要数年时间，最终技术标准化合作网络主要包括了秘书处、学研机构（分为高校、科研院所）和企业三大类行动者，但是不同类别行动者的构成存在差异。在 WGSN 中，学研机构和企业所占比例相当，企业所处的行业分散，学研机构的研究领域也比较分散；在 CCSA/TC10 中，企业所占比例远远超过学研机构，并且集中在通信行业，学研机构的研究领域也集中在通信技术领域。

第二，不同标准制定组织具有不同的发展目标和资源需求，因此技术标准化合作网络中凸显出的关键行动者及其发挥的作用存在差异。在以 WGSN 为代表的任务导向型标准制定组织中，以国家发展重点技术的战略部署为主要目标，技术标准化合作网络最初的发起者是学研机构，以秘书处为代表的政府力量介入对技术标准化合作网络构建给予了重要指导并起到监督和管理作用，而引入大量企业参与推动了技术标准化合作网络的成长和成熟。在以 CCSA/TC10 为代表的市场导向型标准制定组织中，以产业应用和企业发展为主要目标，技术标准化合作网络最初的发起者是企业，秘书处对组建技术标准化合作网络给予了重要支持和服务作用，而大量产业链企业参与推动了技术标准合作网络的成熟。

第三，由于合作网络中拥有众多行动者，而要把众多行动者团结起来，就需要一个能够综合协调内部事务和与相关政府标准化部门、业务主管部门沟通关系的组织——秘书处。虽然 WGSN、CCSA/TC10 中的秘书处都是政府标准化支撑单位和属于准政府组织，但是结合进一步调查和访谈可知，标准制定组织中的秘书处也可能由企业或者学研机构承担。秘书处通过帮助网络构建、维持网络运作和直接参与技术标准化活动等行为，是整个合作网络的重要构成部分。

第四，不同发起者带来的互动特征存在差异。在 WGSN 中，学研机构是网络发起者，互动主要发生在学研机构、秘书处之间，秘书处通过调动学研机构的行动推动国家重点技术路线的发展与确认；在 CCSA/TC10 中，企业是网络发起者，互动主要发生在企业、秘书处之间，秘书处配合这些企业的需求来开展技术标准研制和产业化工作。

结合上述分析，本研究提出以下命题：

命题 1：行动者是技术标准化合作网络的基石。新兴产业技术标准化合作网络中存在企业、学研机构和秘书处等多类行动者。不同类别的行动者在技术标准制定和决策过程中发挥的作用存在差异，不同发起者带来的互动特征存在差异。技术标准制定和决策过程建立在行动者互动基础之上，直接促进了秘书处、企业与研究机构进行技术标准研制和产业化行动。

表 6-6　技术标准化合作网络和行动者的特点

<table>
<tr><th>合作网络</th><th colspan="2">行动者类别</th><th>比例（%）</th><th>行动者角色</th><th>行为内容</th><th>互动特征</th></tr>
<tr><td rowspan="3">WGSN</td><td>学研机构</td><td>从事传感器网络技术研究开发工作的高校、科研院所</td><td>49</td><td>网络发起者；网络参与者</td><td rowspan="2">（1）从事技术标准体系研究和技术调查；
（2）申请技术标准立项；
（3）从事具体标准草案的起草、征求意见工作，包括主持、出席标准制定组织的工作会议、参与讨论、参与具体决议的投票、起草标准的技术规范等；
（4）参与标准的验证、宣传和实施</td><td rowspan="3">互动主要发生在学研机构、政府标准化机构之间。秘书处通过调动学研机构的行动推动国家重点技术路线的发展与确认</td></tr>
<tr><td>企业</td><td>感知器件商、设备商、运营商、软件开发商、服务集成商等</td><td>49</td><td>网络参与者；</td></tr>
<tr><td>秘书处</td><td>准政府组织，技术标准化支撑单位，奉行政府任务导向</td><td>2</td><td>网络监管者；网络参与者</td><td>（1）根据国家标准化工作的方针政策，研究传感网标准化工作方针和措施；
（2）按照国家标准制、修订原则，以及积极采用国际先进标准的方针，制订和完善传感网的标准体系表；
（3）根据批准的计划，组织传感网国家标准的制、修订工作并参与，负责标准送审、报批工作</td></tr>
</table>

续表

<table>
<tr><th>合作网络</th><th colspan="2">行动者类别</th><th>比例(%)</th><th>行动者角色</th><th>行为内容</th><th>互动特征</th></tr>
<tr><td rowspan="3">CCSA/TC10</td><td>企业</td><td>运营商、设备商、设计咨询商、芯片商</td><td>68</td><td>网络发起者；网络参与者</td><td rowspan="2">(1) 从事技术标准体系研究和技术调查；
(2) 申请技术标准立项；
(3) 从事具体标准草案的起草、征求意见工作，包括主持、出席标准制定组织的工作会议、参与讨论、参与具体决议的投票、起草标准的技术规范等；
(4) 参与标准的验证、宣传和实施</td><td rowspan="3">互动主要发生在企业和政府标准化机构之间，工信部电信研究院作为秘书处配合企业的需求，组织开展技术标准化活动</td></tr>
<tr><td>学研机构</td><td>从事泛在网络技术研究开发工作的高校、科研院所</td><td>28</td><td>网络参与者</td></tr>
<tr><td>秘书处</td><td>准政府组织，技术标准化支撑单位，奉行市场需求导向</td><td>4</td><td>网络服务者；网络参与者</td><td>(1) 向政府主管部门反映会员单位对标准工作的意见和要求；
(2) 组织技术标准体系研究和技术调查，提出制、修订标准项目建议；
(3) 组织会员开展标准草案的起草、征求意见工作并参与，以及承担利益、冲突协调和标准审查工作；
(4) 组织开展标准的宣讲、咨询、服务及培训，推动标准的实施</td></tr>
</table>

6.4.2 技术标准化合作网络中的互动方式和特点

本节讨论了技术标准化合作网络中互动方式的内涵以及与行动者的相关关系。在技术标准化工作中，根据行动者资源能力的差异，将学研机构进一步细分为优势学研机构、一般学研机构；将企业细分为优势企业和一般企业。见表6－7。

(1) 共同立项是指行动者共同负责并参与整个技术标准从计划、启动、起草到完成所有环节的活动。共同立项涉及的具体事项最多，包括行动者对待立技术标准项目联合进行预研究，商议成立起草团队和承担起草任务，商议技术标准项目工作计划，协调冲突和问题，管理标准研制经费，等等。在 WGSN 的技术标准化合作网络中，共同立项主要是掌握前沿技术和承担了国家重点科技项目的优势学研机构（高校、科研院所）主导（61%）；而在 CCSA/TC10 技术标准化合作网络中，共同立项由优势企业主导（53%）。

（2）担任编辑是指担任标准草案编辑，起草标准草案讨论稿、征求意见稿，修改、完善完成标准草案送审稿和报批稿。在 WGSN 的技术标准化合作网络中，担任编辑由优势学研机构（高校、科研院所）主导（64%）；而在 CCSA/TC10 技术标准化合作网络中，担任编辑由优势企业主导（72%）。

（3）联合提案。技术提案是指参与者就标准草案中的具体技术内容提出解决方案，参与者可以单独提交，也可以联合提交。联合提案合作形式下涉及的事项集中在行动者之间需要就技术提案中的细节、利益进行事前沟通和达成一致，并在此基础上形成和提交统一的技术方案文档，以便在技术标准化会议上能够更快地被其他参与者理解和接受。在 WGSN 的技术标准化合作网络中，主要是秘书处和优势学研机构、学研机构（高校、科研院所）之间联合提交技术提案；而在 CCSA/TC10 技术标准化合作网络中，更多的是秘书处和优势企业、优势企业之间联合提交技术提案。

（4）意见征询是指通过正式或非正式的途径阐述自身的观点、要求和意见，希望在确定标准项目、标准体系架构或敲定标准草案技术细节时予以参考。意见征询涉及的事项包括提供产业分析、技术研究报告，就具体标准草案的内容进行发言讨论或者对技术草案提出更改意见。被意见征询者也可以从意见征询者的反馈与评估中获得下一步行动的方向感。经调查发现，一般企业和一般学研机构由于自身资源能力不足以承担和参与难度较大的技术标准化工作，但是积极参与技术标准的意见征询。

（5）跟踪学习是指行动者对技术标准化工作保持观望，跟踪技术标准走势是主要目的。一般企业、一般学研机构通过选择感兴趣的技术标准项目达到跟踪和学习目的。跟踪学习涉及的具体事项少，行动者主要以聆听会议、获取技术文档等方式收集信息。获取资料包括获得阶段性工作文件和正式出版的标准文本，公开刊物和技术资料等。

表 6-7　互动方式与互动主体的相关关系　%

互动方式	WGSN					CCSA/TC10				
	互动主体									
	秘书处	优势学研机构	一般学研机构	优势企业	一般企业	秘书处	优势学研机构	一般学研机构	优势企业	一般企业
牵头立项	17	61	—	22	—	31	16	—	53	—
草案编写	19	64	—	17	—	22	6	—	72	—
联合提案	21	33	10	24	12	26	17	—	46	11
意见征询	13	7	26	6	48	11	4	3	15	67
跟踪学习	—	3	53	8	36	—	5	47	8	40

基于以上分析，本研究提出以下命题：

命题 2：标准制定组织技术标准化合作网络中，行动者因面临的资源能力或标准制定组织类型的差异，其主导的互动方式存在显著差异。

命题 2a：行动者因面临的资源能力差异选择了不同的互动方式。秘书处、优势学研机构、优势企业采取共同立项、担任编辑和联合提案的互动方式，一般学研机构、一般企业倾向于意见征询和跟踪学习的互动方式。

命题 2b：学研机构与企业在不同标准制定组织类型中采取了不同的互动方式。在任务导向型标准制定组织中，学研机构倾向于采取共同立项、担任编辑和联合提案，企业倾向于意见征询和跟踪学习；在市场导向型标准制定组织中，企业倾向于采取共同立项、担任编辑和联合提案，学研机构倾向于意见征询和跟踪学习。

6.4.3　技术标准化合作网络的互动结果

（1）关系嵌入性

这部分对技术标准化合作网络关系嵌入性的分析，是从技术标准化活动实施过程中行动者之间的关系强度和关系性质展开的（见表6－8）。

第一，从目标一致性程度、互动频率、共同解决问题的安排和信任程度四个方面分析，共同立项、担任编辑和联合提案互动方式下的行动者之间目标一致性程度较高，由于行动者之间需要交换的信息、协商的利益和解决的冲突非常多，就信息共享、利益和冲突问题建立了沟通协调机制，多个事项下的任务协同导致合作双方互动频率较高，合作方之间的关系紧密且稳定，彼此信任度也较高，在此基础上建立的强关系属于互赖型合作关系，分为竞争互赖关系和共生互赖关系，其中竞争互赖关系产生于功能相近的优势行动者之间，可以弱化竞争以推动跨组织学习和互动；共生互赖关系产生于异质性的优势行动者之间，有利于推动互补性资源的利用。结合上一节分析，在WGSN技术标准化合作网络中，优势学研机构之间、秘书处和优势学研机构之间更可能建立互赖型强关系；在CCSA/TC10技术标准化合作网络中，优势企业之间、优势企业和秘书处之间，在长期的互动过程中更可能建立互赖型强关系。

第二，从目标一致性程度、互动频率、共同解决问题的安排和信任程度四个方面分析，意见征询和跟踪学习两种互动方式下，行动者之间的目标一致性程度低，需要交换的信息、共同协商的利益和解决的冲突也很少，有待共同解决的问题不多，互动事项少导致互动频率低，行动者之间的关系不紧密或不连续，彼此信任度低，在此基础上建立的较弱关系属于参与型合作关系。弱关系代表着技术标准化活动吸引了更多行动者的关注，这为技术标准立项、制定和决策过程带来大量新信息。

表6－8　　　　技术标准化合作网络中的关系嵌入性

互动方式	关系嵌入性				
	目标一致程度	互动频率	共同解决问题的安排	信任度	
牵头立项	高	高	信息共享，利益、冲突的事前、事后沟通协调机制，任务协同	高	互赖型强关系
草案编写	中高	中高	信息共享，利益、冲突的事前、事后沟通协调机制，任务协同	中高	
联合提案	中高	中高	信息共享，利益、冲突的事前、事后沟通协调机制，任务协同	中高	

续表

互动方式	关系嵌入性				
	目标一致程度	互动频率	共同解决问题的安排	信任度	
意见征询	中低	中低	信息共享、利益沟通	中低	参与型弱关系
跟踪学习	低	低	信息共享	低	

基于以上分析，本研究提出以下命题：

命题3：基于不同的互动方式，技术标准化合作网络中存在互赖型强关系和参与型弱关系。行动者之间采取共同立项、担任编辑、联合提案的互动方式，更可能建立互赖型强关系；行动者之间采取意见征询和跟踪学习的互动方式，更可能建立参与型弱关系。

命题4：技术标准化合作网络中的关系嵌入性在不同导向的标准制定组织中存在差异。在任务导向型标准制定组织中，秘书处和优势学研机构之间、优势学研机构之间更可能建立互赖型强关系；在市场导向型标准制定组织中，秘书处和优势企业之间、优势企业和优势企业之间更可能建立互赖型强关系。

（2）结构嵌入性

图6－2（a）（b）突出了不同行动者的网络位置（节点越大说明越处在核心位置）。由于合作网络中的行动者数量较多，分别列出了WGSN、CCSA/TC10网络中程度中心度更大的10个主要节点的结构维度数据，并借助这些数据对WGSN、CCSA/TC10的结构嵌入性进行说明和比较（表6－9）。

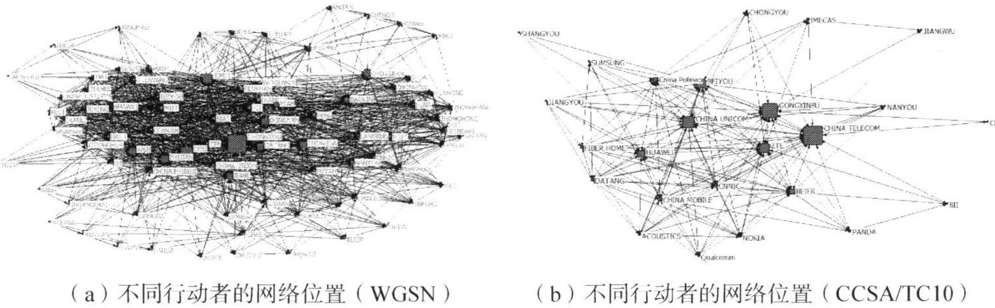

（a）不同行动者的网络位置（WGSN）　　（b）不同行动者的网络位置（CCSA/TC10）

图6－2　行动者的网络位置

表6-9 网络结构的部分度量结果

技术标准化合作网络	整体网络密度	关键行动者	组织性质	个体网络规模	程度中心度	中间中心度
传感器网络	0.4571	CHONGYOU	学研机构	76	90.4776	10.706
		CESI	秘书处	65	77.381	6.403
		DATANG	企业	63	75	3.342
		DONGNAN	学研机构	63	75	2.993
		XIAN	学研机构	58	69.048	2.093
		ZHIJIAN	学研机构	56	66.667	3.863
		CHONGDA	学研机构	55	65.476	2.953
		WSN	学研机构	53	63.095	2.977
		DIANGUI/JIANGYOU	企业	51	60.714	1.019
		SIMIT	学研机构	51	60.714	4.745
泛在网	0.6033	CHINA TELECOM	企业	22	91.667	13.366
		GONGXINBU/MIIT	秘书处	21	87.5	10.14
		CHINA UNICOM	企业	21	87.5	7.095
		ZTE	企业	20	83.333	5.854
		BEIYOU	学研机构	19	79.167	5.28
		HUAWEI	企业	18	75	3.716
		BEIER	企业	17	70.833	2.747
		China Potevio	企业	16	66.667	1.945
		CHINA MOBILE	企业	16	66.667	1.027
		DATANG	企业	16	66.667	0.864

结合图6-2和表6-9可知，WGSN技术标准化合作网络的网络密度是0.4571，虽然包含的行动者较多，网络规模较大，但是整个网络的连接比较松散，秘书处与学研机构之间有较多的直接联系，但很多成员之间没有直接联系，属于"低中心性、高多样性"的松散型网络。由于网络密度小于0.5，会影响网络行动主体之间的信任和对技术标准化工作的资源投入，WGSN技术标准化合作网络中主要取决于技术标准各模块界面间的信息交流与知识的有效传递。根据表6-9中10个主要节点的程度中心度指数可知，WGSN技术标准化合作网络

中主要以学研机构和秘书处占据了较为核心的位置，说明了它们在技术标准化合作网络中的影响更大，其他的行动者则处于边缘位置。这可能与技术标准化合作网络中的关系嵌入性也有一定关系，例如在 WGSN 中，优势学研机构之间、秘书处和优势学研机构的关系更为紧密和稳定。相应的，学研机构的结构洞指数也高于多数的企业，说明他们更多地成为其他行动者之间联结的中介，更能控制网络中信息和资源的流动。

结合图 6 – 2 和表 6 – 9 可知，CCSA/TC10 技术标准化合作网络的整体网络密度达到 0.6033，行动主体较少，网络规模小，但是网络中企业之间、秘书处和企业之间的连接非常紧密，属于“高中心性、低多样性”的紧密型网络。根据表 9 中 10 个主要节点的程度中心度指数可知，CCSA/TC10 多元主体合作网络中主要以企业和秘书处占据了较为核心的位置。这说明企业和秘书处在技术标准化合作网络中的影响更大。在 CCSA/TC10 中，优势企业之间、秘书处和优势企业的互动更多，建立了较强关系。相应的，企业的结构洞指数也高于多数学研机构的结构洞指数，说明它们更多地成为其他行动者之间联结的中介，更能控制网络中信息和资源的流动。

通过上述分析，本研究提出以下命题：

命题 5：技术标准化合作网络存在多种网络结构，包括松散型、紧密型的合作网络，发挥了不同的网络效应。“低中心性、高多样性”的松散型网络对于知识转移和组织学习是可取的，参与者越多，则扩大了知识的范围；“高中心性、低多样性”的紧密型网络对于控制联盟成员很有效，建立在知识流动基础上的知识共享的程度更高，协同效应更好。

命题 6：秘书处在技术标准化合作网络中都处于较高的网络位置。不同类型标准制定组织中，秘书处影响主要互动对象的选择，进而影响技术标准化合作网络中互动主体的网络地位高低。在任务导向型标准制定组织中，秘书处倾向于选择学研机构作为主要互动对象，学研机构在网络中的地位更高，属于中心角色；在市场导向型标准制定组织中，秘书处倾向于选择企业作为主要互动对象，企业在网络中的地位更高，属于中心角色。

命题 7：标准制定组织中的技术标准化合作网络中，结构洞指数高的主要是拥有标准基础专利或核心专利的优势行动者，处于劣势位置的行动者可能出于跟踪目的而参与技术标准化活动，结构洞指数较低。

6.5　研究讨论

6.5.1　标准制定组织多元主体互动规律

本研究以标准制定组织为研究对象，试图打开标准制定组织中多元主体互动过程的黑箱，运用案例研究方法探讨了新兴产业标准制定组织中的技术标准化合作网络是如何实现的以及具备什么互动规律（互动主体、互动方式和互动结果）。首先，通过文献回顾和现实调查归纳出两类标准制定组织：任务导向型标准制定组织和市场导向型标准制定组织，它们都属于众多行动者参与和开展新兴产业技术标准化工作的载体。其次，本研究发现，开展技术标准化活动的标准制定组织类型不同，其发展目标和对资源、支持条件的需求也不同，进而形成了具有不同特征的技术标准化合作网络，其互动规律（具体表现为互动主体、互动方式和互动结果方面）存在差异。

具体来说，第一，不同类型标准制定组织中凸显出的互动主体及其发挥的作用存在差异。研究发现，在任务导向型标准制定组织下，以促进国家重点技术领域发展为目标，学研机构参与更可能是技术标准化合作网络最初的发起者，以秘书处为代表的政府力量介入对技术标准化合作网络构建给予了重要指导并起到监督作用，而引入大量企业参与推动了技术标准化合作网络的成长和成熟；在市场导向型标准制定组织下，以产业应用和企业发展为目标，技术标准化合作网络最初的发起者是少数企业，秘书处对组建技术标准化合作网络给予了重要支持和服务，而大量产业链企业参与推动了技术标准化合作网络的成熟。

第二，不同类型标准制定组织中互动方式和互动主体的相关关系存在差异。技术标准化合作网络中形成的主要互动方式包括共同立项、担任编辑、联合提案、意见征询和跟踪学习。行动者因面临的资源能力差异选择了不同的互动方式，表现为秘书处、优势学研机构、优势企业采取共同立项、担任编辑和联合提案的互动方式，一般学研机构、一般企业倾向于意见征询和跟踪学习的互动方式。并且，学研机构与企业在不同标准制定组织类型中采取了不同的互动方式。在任务导向型标准制定组织中，学研机构采取共同立项、担任编辑和联合提案，企业倾向于意见征询和跟踪学习；在市场导向型标准制定组织中，企业采取共同立项、担任编辑和联合提案，学研机构倾向于意见征询和跟踪学习。

第三，在互动主体和互动方式作用下，不同类型标准制定组织中的互动结果存在差异。其一是关系嵌入性存在差异。基于不同的互动方式，技术标准化合作网络中存在互赖型强关系和参与型弱关系。互动主体之间采取共同立项、担任编辑、联合提案的互动方式，更可能建立互赖型强关系；互动主体之间采取意见征询和跟踪学习的互动方式，更可能建立参与型弱关系。在任务导向型标准制定组织中，秘书处和优势学研机构之间、优势学研机构之间更可能建立互赖型强关系；在市场导向型标准制定组织中，秘书处和优势企业之间、优势企业和优势企业之间更可能建立互赖型强关系。其二是结构嵌入性存在差异。对网络密度和网络结构的考察可知，一是不同类型的标准制定组织中形成的合作网络具有不同的网络结构。二是秘书处在不同类型的标准制定组织中都处在较高的网络位置。并且在不同类型标准制定组织中，秘书处影响主要互动对象的选择，进而影响技术标准化合作网络中互动主体的网络地位高低。

6.5.2 理论贡献

本研究试图在新兴产业技术标准化研究领域做一点探索性工作，理论贡献如下。

首先，本研究对技术标准研究的贡献，在于将战略性新兴产业纳入研究对象。第一，新兴产业技术标准化具有网络性，其特点是多元主体在标准制定组织中形成技术标准合作网络，但是现有研究在讨论技术标准合作网络时并未考虑到标准制定组织类型的影响，对不同标准制定组织中的技术标准合作网络缺乏研究。第二，现有研究在讨论技术标准化合作网络时，多数围绕企业这一类型的行动主体探讨企业技术标准合作网络，较少考虑其他类别行动者的角色。基于这两点，本研究在探讨新兴产业技术标准化合作网络时，先把标准制定组织划分为任务导向型标准制定组织和市场导向型标准制定组织，然后对两类标准制定组织的技术标准化合作网络进行分析，并深入分析了不同标准制定组织中的互动规律（互动主体、互动方式和互动结果）。第三，现有新兴技术标准化的研究还主要停留在理论分析层面，而产业数据和实证分析不足。本研究是基于对物联网产业技术标准化的相关统计数据，采用实证方法深化了当前新兴产业技术标准化研究的相关理论分析结果。

其次，本研究引入社会网络理论思想和分析框架，从关系嵌入（目标一致性、互动频率、共同解决问题的安排、信任度）分析了标准制定组织技术标准化中的关系强度和性质，引入社会网络理论中的网络结构（网络规模、网络密度）、网络地位（程度中心度、中间中心度）等概念，从结构嵌入深入分析标准制定组织中技术标准化合作网络形态，基于新兴产业和技术标准化情境对社会网络理论进行了补充或拓展。现有的社会网络理论研究中提到，社会网络理论的一个视角是结构嵌入，即关注网络结构的影响。但是一些研究者提出，网络结构并不能揭示网络中关系—行为的内在影响机制，还必须借助社会网络理论中的关系嵌入视角。但现有的关系嵌入研究较少探讨具体产业中的企业间关系，对技术标准化情境和多元行动主体互动情境下的关系嵌入则更少涉及。为此，本研究是一个探索性的尝试，将社会网络理论拓展到技术标准化情境和多元行动者互动情境，在研究和解释技术标准化合作网络时将结构嵌入性（网络结构、网络位置）与网络的关系嵌入性（关系的内容、性质与强度等因素）相结合。

6.5.3　实践建议

本研究对于推动我国新兴产业的技术标准化工作具有实践上的参考意义。

首先，如何看待标准制定组织模式？本研究结论的启示是，标准制定组织作为开展技术标准化活动和推动技术标准化的载体，需要多方行动主体投入资源，众川赴海，才能促进技术标准化工作的顺利开展。不同标准制定组织下运作模式、制度特征和多元主体特征的差异源于其发展目标和资源需求不同，但是总体上，标准制定组织作为技术标准化的主要组织模式，更重要的是完善组织管理，建立更加公平、透明、高效的运行机制和管理制度，以促进更多行动主体参与技术标准化活动，提高标准制定组织在其技术标准领域范围内开展技术标准化工作的运作效率。

其次，如何看待多元行动主体的作用？本研究结论的启示有如下两点：（1）中国情境下，秘书处在新兴产业技术标准化过程中是不可或缺的。秘书处作为标准制定组织中技术标准化工作的监管方和推动方，与各类行动主体都能直接联系，有利于整合网络内的信息和资源。秘书处还大量参与技术标准项目，秘书处的管理者角色有助于其在多元主体合作网络中处于中心地位。(2) 企业和产业技术研发机构（高校、研究所、研究院）是核心专利和技术的拥有者，是推动新兴产业技术标准化的创新主体，在多元主体合作网络中处于核心位置，与秘书处建立了紧密、稳定的关系。企业，尤其是大型企业，是标准技术研发和实施的创新主体，而涵盖高校、科研院所的产业技术研发机构是从事技术研发和为企业提供技术支持的创新主体，二者须相互依托和建立资源置换机制，共同推动新兴产业技术标准化。

最后，如何提升新兴产业技术标准化的网络运行效率？本研究结论的启示是，一方面应加强管理联盟技术标准化网络中的核心节点（主要是拥有核心技术和知识产权的企业、技术研发机构等），促使其不断创新，不断向网络中注入新资源和共享知识产权；另一方面，由于新兴产业技术标准化网络中存在大量的非关键、非核心节点，政府、标准制定组织应该建立一定的激励机制，能够促进网络中的关键节点带动非关键节点（即在联盟技术标准化网络中处于不活跃状态和参与度较低的成员单位）的参与，比如以培训活动、研讨会、合作研发、技术服务等措施在关键节点、非关键节点之间建立更多层面的互动关系，增加他们的互动频率和信任度，从而建立更加密切的合作关系，从而整体层面上激活技术标准化网络和提高新兴产业技术标准化的网络竞争优势。

第 7 章　结论与展望

7.1　研究结论

本研究的结论主要表现在以下几个方面。

7.2.1　新兴产业技术标准化的过程

通过行动者网络分析对物联网产业技术标准化的过程和特点进行了总体的把握，形成了以下结论：

（1）随着技术、产业和市场的发展，新兴产业技术标准化由多个子阶段构成，包括技术研究研发、标准制定组织组建、标准形成和标准推广，这是因为技术标准化发展是在高度不确定性的产业环境中进行，因此是一个渐进式的发展过程。战略性新兴产业技术标准化这种渐进式的特点存在于每个新兴技术领域。在环环相扣、同步上升的子阶段中，每一个阶段中都有技术标准化的子目标（技术、组织、标准、产业化）和建立了相应的微观运作机制（研究团队、联盟组织、知识产权共享和集成机制、产业推广机制），这些目标和微观运作机制产生于多方参与主体的互动中，并在互动中实施。

（2）从组织行为看，新兴产业技术标准化过程的实质是产业技术标准化的核心行动者对各个异质行动者进行成功的问题转译、利益赋予、招募和动员，然后他们协同推进产业技术标准化的结果。在新兴产业技术标准化过程中，参与新兴产业技术标准化过程的行动者呈现“类型多、数量多、产业链覆盖广”的特点，并形成了以政府监管部门为核心、企业和学研机构（高校、科研院所）为优势创新主体、专业标准化机构支撑的多元主体协同创新模式。新兴产业技术标准化行动者网络的核心行动者是政府监管部门。面对新兴产业不成熟的市场、技术带来的高度不确定性，只有政府拥有足够强大的权威性和管理能力，因此新兴产业技术标准行动者网络的核心行动者是政府监管部门。其作用主要体现在：从产业高度制定物联网产业发展规划，调动其他行动者积极参与到物联网产业技术标准化行动网络，以及发布规范和促进产业发展的政策法律。由于物联网是知识和技术密集的新兴产业，并且科技含量高、产业关联广、市场空间大，而学研机构和企业是最可能具备新兴技术研发能力和商用能力的行动者，尤其是运营商作为当前物联网产业中占据主导地位的企业，它们参与行动者网络是对物联网产业技术标准化的极大支持。而专业标准化机构作为政府部门在技术标准领域的智库，在标准制定组织组建和标准体系框架确立过程中发挥了关键的支撑作用。

（3）新兴产业技术标准化的发展还需要政策资源的持续供给和支持，标准制定组织是实现新兴产业技术标准化多元主体协同创新的主要组织模式。

政策资源是新兴市场实现产业化和技术转移的基础。政府在新兴产业标准化领域的政策供给主要涉及：战略规划、标准研制专项资金、科技计划、政府采购、频段资源的发放、财政和税收政策。除了已有的政策支持，进一步的政策供给应是建立市场准入制度，完善知识产权保护制度和降低国内核心技术对国外企业的依赖。与传统产业相比，新兴产业的技术标准化工作会涉及企业、科研机构、行业协会、政府部门、国际组织等各个层面的参与和利益。因此在这些行动者之间建立能够实现合作参与和协同创新的标准制定组织模式是行之有效的方法。异质行动者之间虽然可能面临利益上的小冲突，但是异质行动者为合作网络注入了多样性的资源，有利于产业技术标准化的成功。

7.2.2 新兴产业技术标准化的组织模式

通过对中国情境下开展技术标准化的标准制定组织进行研究，得到如下基本结论：

（1）新兴产业技术标准化过程中的标准制定组织表现形式包括技术委员会形式、标准工作组形式、协会形式、产业（技术）联盟形式和企业标准联盟形式。

技术委员会形式是指在国家标准化管理委员会、国家业务主管部门领导下的负责国家具体行业技术领域标准化工作的专业标准化技术委员会，是由政府授权的非官方、非营利性中间组织，实质是政府行政机制下的延伸组织；其组织目标是按照国家战略需求和产业需求，做好标准化支撑工作。标准工作组形式分为技术委员会直属的标准工作组和国家部委直属的标准工作组，是为了国家产业规划和发展与市场紧密结合的关键技术而专门成立的标准制定组织，主要任务是根据主管部门批准的标准制/修订计划，组织本领域有关单位完成标准项目的起草、讨论、评审和报批工作。协会形式是指在产业业务主管部门、社团登记机关民政部批准下成立的从事产业技术领域标准化工作的非营利性社团组织，这里提到的协会包括标准化协会和一般性的行业协会（含商会）。协会作为非政府组织在西方发达国家技术标准的形成、推动技术标准的发展和推进国家技术标准竞争能力等方面发挥了主导作用，协会标准也因其广泛的市场基础成为国家标准、行业标准的主要来源。在中国情境下，协会等团体制订标准的形式正在快速兴起和逐步完善，符合市场经济发展的规律。协会比政府部门、技术委员会、标准工作组更贴近企业、市场和国际最新动态，因此他们制定的技术标准更具有市场生命力。产业（技术）联盟形式是指是在政府的引导下，充分运用市场机制，以影响产业或企业长远发展的共性技术创新需求和重要标准等为纽带，通过各种技术创新要素的优化组合建立的利益共同体。其组织目标是成员单位通过合作研发、专利集成和许可、开发产品与服务、产业推广等活动共同推进标准的形成、产业化和市场化。企业标准联盟形式，是指少数（两个或两个以上）行业领先企业以技术标准为契机组建的联合，参与主体围绕关键技术达成协议，通过合作研发、资源整合实现技术、产品和市场的领先优势，对其他竞争性技术标准构成强有力的威胁。

（2）根据西方文献对标准制定组织运作模式（组织目标、工作内容、组织结构、标准开发和共识程序、开放度）的归纳和中国情境下政府介入程度的考察，将上述标准制定组织表现形式归纳为两种导向，一类是政府介入度高和呈现正式标准制定组织特征的任务导向型标准制定组织，另一类是政府介入度低和呈现非正式标准制定组织特征的市场导向型标准制定组织。

首先是政府介入度高和呈现正式标准制定组织特征的任务导向型标准制定组织，这是国家科技创新战略和组织技术标准化的传统形式。国家从战略高度部署新兴产业技术标准化的路线方针，注定了政府在标准制定组织形成和发展过程中各方面的主导和介入，但这有效地启动了我国新兴产业技术标准化工作，确保了技术标准框架和共性标准规范的建立和起到了良好的宣传、带头作用。

其次是政府介入度较低和呈现非正式标准制定组织特征的市场导向型标准制定组织，这为新兴产业技术标准化的发展注入了活力。市场导向型标准制定组织是中国由计划经济体制向市场经济体制转型和大力推进标准化建设的过程中催生出来的标准制定组织类型。市场机制导向和市场力量大规模的投入，其优势是根据市场需求研发标准和进行产业化推广，使得标准既能起到行业规范的作用，又能产生真正的市场效应，获得企业经济效益和新兴产业发展的双赢；其劣势是中国情境下市场导向型标准制定组织的组织机制还有待进一步的完善。

7.2.3 标准制定组织中多元主体合作网络内在机理

通过双案例研究设计来探讨标准制定组织中技术标准化的多元主体合作网络，得出如下基本结论：

（1）虽然标准制定组织多元主体合作网络中，多元行动者的数量比例、主体作用和异质性存在差异，新兴产业技术标准化的多元主体合作网络主要包括了秘书处、学研机构（分为高校、科研院所）和企业三大行动主体。其中，秘书处是综合协调内部事务和与相关政府标准化部门、业务主管部门沟通关系的组织；秘书处通过帮助网络构建、维持网络运作和直接参与技术标准化活动等行为，是整个合作网络的重要构成部分。此外，不同类型标准制定组织模式下的技术标准化合作网络具有不同的发展目标和资源需求，从而影响到技术标准合作网络的多元主体特征，不同的多元主体合作网络形成过程中凸显出的关键行动者及其发挥的主体作用存在差异。研究发现，在任务导向型标准制定组织模式下，以促进国家重点技术领域发展为目标，学研机构参与更可能是技术标准合作网络最初的发起者，以秘书处为代表的政府力量介入对技术标准合作网络构建给予了重要指导并起到监督和管理作用，而引入大量企业参与推动了技术标准合作网络的成长和成熟；在市场导向型标准制定组织模式下，以产业应用和企业发展为目标，技术标准合作网络最初的发起者是少数核心企业，秘书处对组建技术标准合作网络给予了重要支持和服务作用，而大量产业链企业参与推动了技术标准合作网络的成熟。

（2）不同类型标准制定组织中互动方式和互动主体的相关关系存在差异。技术标准化合作网络中形成的主要互动方式包括共同立项、担任编辑、联合提案、意见征询和跟踪学习。行动者因面临的资源能力差异选择了不同的互动方式，表现为秘书处、优势学研机构、优势企业采取共同立项、担任编辑和联合提案的互动方式，一般学研机构、一般企业倾向于意见征询和跟踪学习的互动方式。并且，学研机构与企业在不同标准制定组织类型中采取了不同的互动方式。在任务导向型标准制定组织中，学研机构采取共同立项、担任编辑和联合提案，企业倾向于意见征询和跟踪学习；在市场导向型标准制定组织中，企业采取共同立项、担任编辑和联合提案，学研机构倾向于意见征询和跟踪学习。

（3）在互动主体和互动方式作用下，不同类型标准制定组织中的互动结果存在差异。其一是关系嵌入性存在差异。基于不同的互动方式，技术标准化合作网络中存在互赖型强关系和参与型弱关系。互动主体之间采取共同立项、担任编辑、联合提案的互动方式，更可能建立互赖型强关系；互动主体之间采取意见征询和跟踪学习的互动方式，更可能建立参与型弱关系。在任务导向型标准制定组织中，秘书处和优势学研机构之间、优势学研机构之间更可能建立互赖型强关系；在市场导向型标准制定组织中，秘书处和优势企业之间、优势企业和优势企业之间更可能建立互赖型强关系。其二是结构嵌入性存在差异。对网络密度和网络结构的考察可知，一是不同类型的标准制定组织中形成的合作网络具有不同的网络结构。二是秘书处在不同类型的标准制定组织中都处在较高的网络位置。并且在不同类型标准制定组织中，秘书处影响主要互动对象的选择，进而影响技术标准化合作网络中互动主体的网络地位高低。

7.2　理论贡献

相对以往研究本书的理论贡献主要表现在以下方面。

第一，本研究将新兴产业技术、市场的高度不确定性和政府、企业、高校、科研院所、专业标准化机构等多元行动主体纳入研究框架，详细地阐述了新兴产业技术标准化的过程，识别出其渐进式发展和协同创新的特点。由于新兴产业存在高度的技术、市场不确定性，同时新兴产业发展所需的创新资源分散在多元行动主体手里，因此新兴产业技术标准化过程分为技术研究研发、标准制定组织建设、标准形成和标准推广四个渐进式发展的子阶段；每一个阶段中都有技术标准化的子目标（技术、组织、标准、产业化）和建立了相应的微观运作机制（研究团队、联盟组织、知识产权共享和集成机制、产业推广机制），并且在每个子阶段中发起或参与大量的多元主体互动。已有的研究对于“渐进式”的定义主要是在公共政策决策中，是指为了追求重新定义的政策目标而对现行的脚步进行微调整（Braybrooke and Lindblom，1963）。本文将“渐进式”特点借鉴到中国的新兴产业技术标准化过程中，强调的是政府作为核心行动者根据新兴产业的技术、市场和产业成熟度，动员和招募多元行动主体在每个子阶段中解决掉相应的阶段性目标，再进行下一个阶段性目标。政策资源的持续供给在渐进式发展和多元主体互动中形成，这是核心行动者在各异质行动主体之间建立起利益协调机制的手段，标准制定组织则成为落实多元主体的资源整合和协同创新的组织保障。

第二，本研究对中国情境下新兴产业纷繁复杂的标准制定组织现象和不同标准制定组织背后的运作机理进行了梳理和厘清。伴随着中国情境下越来越多的行动者参与新兴产业技术标准化的新行动，以技术标准化为契机构建的标准制定组织大量兴起。本研究在这一部分的贡献是：基于大量二手数据、文档和访谈数据的内容分析将中国情境下标准制定组织表现形式归纳为技术委员会、标准工作组、协会、产业（技术）联盟和企业标准联盟五种形式。由于与技术标准化相关的标准制定组织现象纷繁复杂，虽然国内文献中采用“技术标准联盟”“产业（技术）联盟”“专利联盟（专利池）”“行业协会”“标准化组织”等多个术语描述此类组织现象，但是没有研究对上述不同标准制定组织之间的共性和区别进行梳理。在此基础上，本研究将中国情境的标准制定组织特征与文献进行持续比较，总结出两种导向下标准制定组织的关键特征（组织目标、组织架构、标准开发和决策程序、开放度、政府介入度），为如何构建和完善标准制定组织提供了理论指导。最后，本研究构建的标准制定组织演化模型清楚地展示了中国新兴产业技术标准化由任务导向逐渐向市场导向演变的轨迹。

第三，本研究认为新兴产业技术标准化过程具有网络特征，并且特点之一是在技术标准制定组织模式下形成小世界——多元主体合作网络。因此，本研究通过对两个标准制定组织进行双案例研究，引入社会网络理论思想和分析框架，从关系嵌入维度（目标一致性、互动频率、共同解决问题的安排、信任度）分析了标准制定组织技术标准化中多元主体的互动关系，引入社会网络理论中的网络结构（网络规模、网络密度）、网络地位（程度中心度、中间中心度）等概念，从结构嵌入维度深入分析标准制定组织中的多元主体合作网络形态。

本研究的贡献在于：现有研究在讨论技术标准合作网络时并未考虑到标准制定组织的特征，对于各个标准制定组织之间的横向比较研究相对欠缺，不同标准制定组织模式下的技术标准合作网络属性都没有清晰的研究。而且，现有研究在讨论技术标准合作网络时，多数围绕企业这一类型的行动主体探讨企业技术标准合作网络，较少考虑其他行动主体的角色。而中国情境下的特点是，除了企业，高校、科研院所等其他类型的行动主体在技术标准化中的作用同样不可忽视，值得进一步分析。基于这两点，本研究在探讨新兴产业技术标准合作网络时，考虑到中国情境下标准制定组织划分为任务导向型标准制定组织和市场导向型标准制定组织，因此对两类标准制定组织模式下的多元主体合作网络进行分析。研究发现，不同导向的标准制定组织虽然都包含了学研机构（高校、科研院所）和企业两大行动主体，但是它们在技术标准合作网络中的主体作用、关系嵌入性和结构嵌入性存在差异。研究还发现，标准制定组织自身产生了一个以秘书处为代表的自治组织，也参与到技术标准化活动中，并且在多元主体合作网络中占据重要位置，对其他行动主体的关系嵌入性、结构嵌入性产生了重要影响。这导致标准制定组织模式下的技术标准合作网络的研究结论和已有研究有所不同。

第四，本研究引入社会网络理论思想和分析框架，是研究方法和视角的创新，基于新兴产业和技术标准化情境对社会网络理论进行了补充或拓展。在关系嵌入研究中，现有研究多限于经济社会学领域，对于特定产业中的企业间关系性嵌入研究较少，对特定产业技术标准化和多元主体间的关系嵌入研究则更少。关系嵌入强调联系强度的重要性，虽然学术界对于企业间究竟应形成何种强度的联系并未达成共识（Larson，1992；吴晓波，韦影，2005；张闯，2011），但是结合技术标准化情境和多元主体互动特征的研究结论是：基于牵头立项、草案编写和联合提案等合作形式建立的强联系象征着技术标准立项、制定和决策过程中行动者之间详尽的信息交换、利益共享以及更多的任务协同，并且这种强联系通常建立在拥有核心技术或专利的行动主体之间；而基于意见征询、跟踪学习等合作形式建立的弱联系能为技术标准立项、制定和决策过程中带来新信息，这种联系存在的原因是有很多行动主体由于自身技术标准化能力不足或者怀着观望、跟踪和学习目的加入标准制定组织。多元主体间的强联系能够加快技术标准开发的速度，而弱联系代表着技术标准化吸引了更多行动者的关注，对于标准制定组织中技术标准的扩散和标准制定组织合法性的提升也是有利的。在结构嵌入视角中，由于网络结构本身并没有内容，缺少了内容的社会网络也就无从解释什么样的社会关系可能对企业的行为产生什么样的影响（Uzzi，1996），这使得关系嵌入成为理解网络结构对企业行为影响的一个重要起点（Barden & Mitehell，2007）。本书在研究和解释多元主体合作网络时将网络结构与网络中关系的内容、性质与强度等因素相融合。

7.3 实践启示

上述研究主要从组织行为分析新兴产业技术标准化过程特点，对所形成的标准制定组织进行分类，进而对标准制定组织中技术标准化的多元主体合作网络进行研究，这对我国政府技术标准化战略、多元主体参与技术标准化和标准制定组织建设都具有重要的实践意义。

7.3.1 对政府技术标准化战略的启示

新兴产业技术标准化并非一个简单的、自发的过程，而是政府基于发展战略性新兴产业的部署提出的。政府由于具备相较于其他行动者更高的权威性、协调能力和监督、管理能力，顺理成章地成为新兴产业技术标准化的核心行动者。政府的作用在于从产业高度制定新兴产业发展规划，调动其他行动者积极参与到新兴产业技术标准化行动网络，以及发布规范和促进产业发展的政策法律。鉴于新兴产业技术标准化的过程具有渐进式发展的特点，政府在每个子阶段中的支持政策和方式应该有的放矢，例如早期技术研究研发阶段应该以支持重大技术研究的项目支持为主；标准制定组织建设阶段应该以派遣人员参与、监督和建议等不同程度介入方式推动标准制定组织的发展；标准形成阶段的政府可采取制定专项规划、设立标准化专项奖励资金、成为国际标准制定组织下设各机构的成员等政策策略；在标准推广阶段政府可采取发起产业带动和示范活动、完善标准化法律法规、完善税收政策、实施政府采购政策、预留市场空间等政策策略。此外，鉴于新兴产业技术标准化过程具有协同创新的特点，政府应该支持标准制定组织的建设和科学发展，不只是任务导向型标准制定组织，更重要的是市场导向型标准制定组织，还有思考不同导向的标准制定组织之间如何分工和协调。

7.3.2 对标准制定组织和秘书处的启示

（1）标准制定组织作为开展技术标准化活动和推动技术标准化的载体，需要多方行动主体投入资源才能促进技术标准化工作的顺利开展。不同标准制定组织下运作模式、制度特征和多元主体特征的差异源于其发展目标和资源需求不同，但是总体上，标准制定组织作为技术标准化的主要组织模式，更重要的是完善组织管理，建立更加公平、透明、高效的运行机制和管理制度，建立和完善利益分配机制，协调联盟成员之间的利益关系，以促进更多行动主体参与技术标准化活动，提高标准制定组织在其技术标准领域范围内开展技术标准化工作的运作效率。一方面应加强管理标准制定组织中的核心成员（主要是拥有核心技术和知识产权的企业、技术研发机构等），促使其不断创新，不断向网络中注入新资源和共享知识产权；另一方面，由于新兴产业技术标准化网络中存在大量处于不活跃状态和参与度较低的成员单位，标准制定组织应该采取相应的治理措施，对影响技术标准化活动的欺诈和机会主义行为进行遏制，对参与意愿强但技术标准化能力不足的成员则以培训活动、研讨会等方式帮助其能力提升。

（2）秘书处应认识到自身在标准制定组织中的重要作用。秘书处在标准制定组织中有着不可估量的作用。它是政府与标准制定组织关系纽带的核心节点，起到上传下达、下诉上听的作用。在标准制定组织中，某些技术标准化工作的开展需要秘书处向上级标准化部门、产业主管部门进行请示，某些政治资源的获取需要秘书处向相关政府部门进行争取，某些社会资源的整合需要发挥其独特的组织协调作用；同时在标准制定组织中，政府、企业、社会各方的技术标准化参与往往事先与其取得联系、沟通才采取进一步的行动。秘书处应发挥其核心功能为多元主体参与和标准制定组织建设提供支持。秘书处应在标准制定组织和成员单位的支持下建立健全的组织功能，发展其组织能力；同时，也应积极动员和支持企业、高校、科研院所等多元行动主体的参与，为其技术标准化工作的开展尽可能的提供便利，并多与其沟通交流，开展联合服务、活动或其他项目，并利用其特有的政治关联和社会联系来支持多元主体的活动。总之，秘书处的支持对多元主体参与和标准制定组织的发展有巨大的正向作用。

7.3.3 对企业和学研机构的启示

企业、学研（高校、科研院所）是新兴产业技术标准化的优势创新主体。企业由于是标准的实施主体在技术标准化中始终占据着主导角色，并且随着我国技术标准化由任务导向逐渐向市场导向迈进，新兴产业技术标准化的相关政策中明确地提出了“以企业为主体”的主导地位。在技术标准化过程中，企业经历着从合作者到主导者的角色转换。企业关注的是技术的应用层面，即在行业中的实际应用需求，因此企业在技术研发研究层面没有产业技术研发机构掌握得多；当新兴技术在行业中的应用需求还不明显时，企业也不会对其投入更多关注和参与制定标准；一旦技术存在商用价值时，企业则比政府、产业技术研发机构掌握更多的市场信息，能够在技术标准化过程中确保技术规范符合行业应用需求，并且对技术标准的市场推广起到至关重要的作用。学研机构在新兴产业技术标准化中，经历着从游说者、主导者到合作者的角色转换。鉴于企业的创新能力相对缺乏和学研机构在我国我国科研创新体制中占据举足轻重的位置，学研机构在新兴产业技术标准化中逐步积极起来。在技术标准化过程中，学研机构掌握着创新信息与知识，与政府监管部门相比，他们更加了解技术的现状与发展趋势，在技术标准化过程中，能够成功利用信息优势进行游说是把技术事项上升为政策决策事项的关键。总体上，在技术标准化过程中，为了确保技术标准的顺利开发和扩散，学研机构、企业需要根据自身实力和异质性资源特点，各方行动者之间形成稳固的合作关系，例如共同申请技术标准立项，合作开发解决方案，共同主导起草技术标准，参与政府领导的产业发展项目来有效吸收和利用外部资源等。

7.4 进一步研究方向

虽然本书得出了许多对战略管理理论与实践都非常重要的结论和启示，但是不可否认，本书的研究也存在着局限性：

首先，作为中国新兴研究领域中探索式的研究，本研究虽然名为“中国情境下的新兴产业技术标准化过程研究”，但只对一些主流和突出的典型现象进行了一定程度的探究。一个新兴的过程研究有诸多的问题需要深化，绝不是区区十万字的文字量就能对中国新兴产业技术标准化过程进行全方位的解读，这一问题将在笔者后续的研究中得到弥补；

其次，由于物联网产业技术标准化过程中参与的行动主体和标准制定组织数量众多，因此，在进行相关研究时我们采用的是理论抽样的方法，有一定的局限性。尽管我们严格按照结构化内容分析法的步骤（如变量界定、编码等）来进行数据的收集与整理，但由于数据较多以及时间周期较长，难免有疏漏之处，但相对而言还是具有一定的普遍意义；

再次，本研究属于新情境下的探索性研究，主要采用纵贯研究、内容分析、案例研究等研究方法。虽然本书的研究数据部分有丰富的公开数据和基于访谈、实地观察获得的内部信息和资料，尤其是标准制定组织中难以获得的技术标准项目相关资料。但是本书所得出的有关新兴产业技术标准化的过程、行动者特点、组织模式和多元主体合作网络等结论还有进一步验证的空间。案例研究作为一种兼容定性与定量分析、理论与实证结合的研究方法虽然对嵌入社会情境的过程研究具有独特的挖掘和剖析作用，但是其所涉及的样本量毕竟有限，尤其是对标准制定组织中多元主体合作网络的研究，鉴于新兴产业标准制定组织建立不久和中国情境下较难获取到技术标准的完整数据，所涉及的案例标准制定组织数量总体上偏少；本书案例研究中所构建和拓展的理论还有待未来展开更为充分的实证研究，以证实研究结论更为普遍的意义；

最后，本研究的数据均来源于物联网产业，尽管该产业在七大新兴产业中发展势头居于前列，将其作为研究对象能够部分回答本书需要研究的问题，但是不可否认，本研究没能兼顾和涵盖其他产业的特征，仍然存在着行业单一的局限。

有缺点就有进步的机会。以上所提到的研究局限性也正暗示着进一步有价值的研究方向。进一步的研究可以围绕以下几个方面继续展开：

第一，基于大样本调查等实证数据来验证本书提出的研究结论的适用性及有效性，通过对结论进行实证检验的方法，完成最终的理论构建工作；

第二，拓展现有研究内容。本书主要探讨了新兴产业技术标准化过程、组织模式和多元主体互动规律；等到我国新兴产业技术标准化发展较为成熟，下一步可深化中国情境下的新兴产业技术标准化研究，比如标准制定组织的运作机理值得进一步研究，特别是标准开发过程效率、专业性和行动者利益之间的动态机制是一个备受关注的方面，还可以揭示技术路径如何调节标准制定组织中的集体行动；

第三，进行跨产业研究。本书仅基于物联网产业技术标准化过程、组织模式和多元主体互动进行了研究，下一步应进行跨不同新兴产业的比较研究。例如，物联网产业更强的工业品特征和新能源汽车产业更强的消费品特征可能表明，新兴产业之间技术标准化过程、组织模式及多元主体互动规律可能是有一定差异的；

第四，跨制度环境比较研究。当前研究考虑的是处于追赶情境下的新兴经济国家/地区的技术标准化。新兴经济国家/地区的经济、政治和社会系统带来了与众不同的特性，有必要引入制度模型解释新兴产业标准化活动，这也为标准制定组织的研究开辟了一块新领域。未来的研究可以就不同制度环境下的标准化活动进行比较研究。

附录1　访谈提纲（一）

访谈对象：

结合前期物联网产业标准制定组织的二手资料调查，研究组成员将焦点小组访谈样本锁定在20名具有8年以上工作经验，分布在不同标准制定组织从事标准制定和管理工作的人员，将他们分成两组，分别进行焦点小组座谈，包括全国信息技术标准化技术委员会人员，全国通信技术标准化技术委员会人员，工业和信息化部电子标签标准工作组人员，中国通信标准化协会泛在网技术工作委员会人员，全国信息技术标准化技术委员会传感器网络标准工作组人员，中国智能家居产业联盟人员，中国RFID产业联盟人员，物联网产业技术创新战略联盟人员。

访谈目的：

焦点小组访谈中包括被访者所在标准制定组织的关键制度特征以及政府介入的客观情况，主要是结合文献对新兴产业形成和发展的标准制定组织所涉及的组织目标、组织架构、标准开发和共识程序、开放度四个方面的关键制度特征进行访谈，以便对中国情境下从事新兴产业技术标准化工作的组织模式进行描述和分类。

焦点小组访谈核心问题：

1. 标准制定组织的组织目标具备什么特征？
2. 标准制定组织的组织架构具备什么特征？
3. 标准制定组织具备什么样的标准开发和共识程序？
4. 标准制定组织的开放度具备什么特征？
5. 政府在标准制定组织形成和发展过程中扮演什么角色？
6. 政府影响标准制定组织形成和发展的策略和行为表现是什么？

附录2　访谈提纲（二）

访谈对象（以针对 WGSN 的提纲为例）：

参与国家传感器网络标准工作组（简称 WGSN）技术标准化工作的成员单位，共5人。其中企业代表包括上海聚星仪器有限公司代表，中国联通代表，成都秦川科技发展有限公司代表，高校和科研院所代表包括中科院嘉兴无线传感器网络工程中心代表，重庆邮电大学代表。

访谈目的：

本次研究是定性研究，在研究问题比较敏感的前提下，通过深度访谈所获得的文字资料的真实性、深刻性与丰富性是定量研究所无法比拟的。访谈将采取半结构的方式，事先拟定访谈提纲，对参与国家传感器网络标准工作组（以下简称 WGSN）的一般成员单位都问及相似的问题。旨在分析标准制定组织中技术标准化的互动过程和组织行为。

访谈原则：

我们的访谈目的主要是了解物联网技术标准化过程中各个行动主体的真实想法及实际操作情况，访谈内容仅用于国家自然科学基金的学术研究，访谈中所涉及的信息、资料将仅作为学术研究参考而不会外泄，政府官员、研究专家、企业真实名称及相关人员信息在当事人不愿泄露的情况下也会在研究中被隐去。

访谈问题：

（一）个人信息

1. 您当前的所在单位部门和您的主要职务？
2. 您在贵单位的工作年数？
3. 您参与物联网技术标准化工作的年数和简要经历？

（二）物联网产业

1. 您所在单位为什么看好物联网市场，背后有哪些驱动因素？
2. 物联网涉及末梢终端、网络设备、应用平台等环节，可服务个人、行业等多个领域。大家都在提物联网产业发展的技术路径、商业模式，您是技术专家和标准专家，那请您帮忙分析物联网当前的几个主要技术路径和比较成功的商业模式？比如说上游的企业，大家都做设备，有没有基于的技术原理是不一样的，工艺方案是否一样；有的企业走高端技术路线，有的走低端路线，是不是存在这样的现象？

3. 物联网涉及末梢终端、网络设备、应用平台等环节，可服务个人、行业等多个领域，具有万亿级的规模，对于这样一个庞大的市场，贵单位采取了怎样的切入方式和切入角度？

4. 贵单位将进入物联网的哪些应用领域？为推进物联网的顺利发展，贵单位在人员、组织、研发等方面相应提供什么样的支撑？

5. 就贵单位所处的位置来看，产品和业务的哪些方面跟物联网非常相关？作为公司的话，我们公司的业务发展方向是物联网设备商、软件开发商还是软、硬件集成的系统集成商呢？公司的核心技术和产品跟市场上的同类产品和技术比较有什么不一样？重点关注的行业和市场是？公司当前跟物联网的哪些公司在合作？有没有组建一些联盟？

（三）技术标准化参与经历

1. 请详细介绍您在WGSN参与标准起草的情况？（参与日期，参与年数，标准计划什么时间完成，所在标准项目组，参与起草的主要标准内容。）

2. 一般如何选择应该参与哪个物联网标准项目？是基于单位已有的产品和技术吗？与标准相关的物联网产品有哪些？有没有与其他成员合作？如何合作的？

3. 就参与起草的标准来看，组里怎么组织大家起草标准呢？是一个怎么样的组织架构？结合你参与过的几个标准，实际进度跟当初计划的一样吗？哪些标准进展的很顺利，哪些进展的不太顺利？或者有一些波折，大家讨论的比较多？

4. 对比进展顺利的标准和不顺利的标准，他们最大的区别是什么？进展不顺利的表现是什么？是因为标准内容很难商定呢，还是会议组织的少了？依你来看，物联网标准中的哪些技术部分是难度很大的，哪些技术内容短时间内难以形成统一意见？

5. 标准在起草过程中，主要有哪些人员在组织和协调？（秘书处、组长、编辑，请举例。）都有哪些沟通和联系方式？（会议、电话、视频、邮件、会前单独沟通。）

6. 标准制定组织中如何确定组长单位人选？秘书处和组长会介入吗？每次召开工作会议之前，组长、秘书处人员会提前与你们联系吗？对于讨论的内容在会前进行沟通吗？请举例说明。

7. 在参与起草标准的过程中，您是否遇到成员之间的意见不合和利益冲突情况（比如对标准中技术细节的不同意见）？您如何看待这种意见不合或利益冲突？根据当时的情况，标准工作组又如何解决成员之间的摩擦和冲突？

8. 在您看来，当初参与物联网技术标准化的初衷和主要原因是什么？您个人和所在单位期望通过参与 WGSN 实现什么目标？在参与标准起草工作的过程中，您个人和所在单位的利益关注点是什么？

附录3　访谈提纲（三）

访谈对象（以针对 WGSN 的提纲为例）：

国家传感器网络标准工作组（简称 WGSN）形成和发展过程中的秘书处单位工作人员，共4人。

访谈目的：

本次研究是定性研究，在研究问题比较敏感的前提下，通过深度访谈所获得的文字资料的真实性、深刻性与丰富性是定量研究所无法比拟的。访谈将采取半结构的方式，事先拟定访谈提纲，对参与国家传感器网络标准工作组（以下简称 WGSN）的一般成员单位都问及相似的问题。旨在分析标准制定组织中技术标准化的进展、互动过程和组织行为。

访谈原则：

我们的访谈目的主要是了解物联网技术标准化过程中各个行动主体的真实想法及实际操作情况，访谈内容仅用于国家自然科学基金的学术研究，访谈中所涉及的信息、资料将仅作为学术研究参考而不会外泄，政府官员、研究专家、企业真实名称及相关人员信息在当事人不愿泄露的情况下也会在研究中被隐去。

访谈问题：

（一）个人信息

1. 您当前所在单位部门和职务？
2. 您在贵单位的工作年数？
3. 您参与技术标准化工作的年数和简要经历？

（二）标准制定组织

以下对案例——国家传感器网络标准工作组进行简要介绍。WGSN 的前身是成立于2006年的传感网标准研究项目组，是国家标准化管理委员会（以下简称“国标委”）批准筹建，全国信息技术标准化技术委员会（以下简称“信标委”）批准成立并领导的标准制定组织，其成员包括了我国最早于1999年以来从事传感器网络技术研究的一批骨干单位。国家传感器网络标准工作组所在秘书处单位是工信部下属的中国电子技术标准研究院（以下简称 CESI）。CESI 自 1963 年从事信息技术标准化领域的工作，是电子信息技术领域标准化的专业研究机构，也是工信部直属事业单位。

请结合个人经历详细介绍您参与国家传感器网络标准工作组的初衷，以及在国家传感器网络标准工作组参与标准起草的情况？

（三）技术标准项目

从 2009 年成立到 2014 年，国家传感器网络标准工作组已历经五年发展，取得了不少成果。根据网站统计，工作组共有 18 个在研标准。其中 2009 年立项的有 6 个。

1. 这 6 个标准的立项过程是怎么样的？

2. 这 6 个标准项目分别是哪几个项目组在负责起草呢？

3. 这 6 个标准项目原计划分别是什么时候完成（比如说完成草案送审）？6 个标准项目现在的进展如何？按照当初的进度目标看，哪个标准推进得最快最顺利？（比如标准立项之后，标准草案的内容很快就确立和在成员讨论中通过了的？）哪个标准推进得最慢？（哪些项目在制定草案时，耗费的时间更久？）

4. 这些好的标准小组的组织结构有没有特点？它的小组结构是什么？有没有大的企业在起草？还是有十几家一起起草？是有个别企业在主导，还是一起弄？这些企业是属于物联网上游的企业呢，还是哪些企业？

5. 在起草标准的过程中，推进慢的标准项目是遇到了什么技术困难？还是别的原因？（是因为成员就标准内容本身存在很多不一致的意见吗（比如说召开了很多次会议进行协调）？还是因为项目组在组织起草活动时难以召集成员开会？）

6. 针对耗时久的，当前有没有改进方案？组长如何将进行协调和管理？会对有争议的问题，分别和成员单位进行会前沟通吗？

根据二手资料分析发现，2010 年时工作组有 3 个国标项目和 2 个行标立项。

1. 这 5 个标准的立项过程是怎么样的？（牵头单位？主要编辑和参与单位？）

2. 这 5 个标准项目分别是哪几个组在负责起草呢？

3. 按照最初的规划，这 5 个标准项目原计划分别是什么时候完成（比如说完成草案送审）？

4. 5个标准项目现在都推进得怎么样？按照当初的进度目标看，哪个标准推进得最快最顺利？哪个标准推进得最慢？推进的过程都是怎么样的？

5. 在起草标准的过程中，5个项目中推进慢的标准项目是遇到了什么技术困难？还是别的原因？

6. 起草国标和起草行标有什么不一样的特点？起草程序上有没有不一样的？是行标起草的更快吗？还是行标参与的企业更多？还是行标的技术规范比国标更严格？

2011年工作组没有增加新的标准项目，2012年增加了7个国家标准项目，分别是在测试组、标识组、安全组、通信与信息交互组进行起草。

1. 这几个标准项目立项过程是怎样的？（牵头单位？主要编辑和参与单位？）

2. 按照最初的规划，这7个标准项目原计划分别是什么时候完成（比如说完成草案送审）？

3. 7个标准项目现在都推进得怎么样？按照当初的进度目标看，哪个标准推进得最快最顺利？哪个标准推进得最慢？

4. 在起草标准的过程中，7个项目中推进慢的标准项目是遇到了什么技术困难？还是别的原因？

5. 2011年为什么没有增加新的标准项目？

附录 4

①网络密度、标准化程度中心度、中间中心度的测算公式及说明

a. 网络密度的公式：

$$\Delta = \frac{L}{g(g-1)/2} = \frac{2L}{g(g-1)}$$

如果一个网络中有 g 个行动者，那么其包含的关系总数在理论上的最大可能值是 g(g－1)/2，如果该网络中包含的实际关系数目为 L，那么该网络的密度就是“实际关系数”除以“理论上的最大关系数”，即等于 L/(g(g－1)/2)＝2L/[g(g－1)]。

b. 标准化程度中心度的公式：

$$Degree_i = (\sum_j X_{ji})/(g-1)$$

如果一个网络中有 g 个行动者，行动者 i 的程度中心度数就是与行动者 i 直接相连的其他行动者 j 的个数，其理论最大值为 g－1；由于每个网络的规模可能不同，为了能够进行比较不同网络中行动者的程度中心度，就把某个行动者的程度中心度除以其理论最大值，就是标准化程度中心度数值。

c. 中间中心度的公式：

$$Betweeness_i = [2\sum_{j<k} g_{jk(n_i)}/g_{jk}]/[(g-1)(g-2)]$$

如果一个网络中有 g 个行动者，公式中 g_{jk} 是行动者 j 达到行动者 k 的捷径数，$g_{jk}(n_i)$ 是行动者 j 达到行动者 k 的快捷方式上有行动者 i 的快捷方式数，$g_{jk}(n_i)$ 与 g_{jk} 比值的总和是行动者 i 的中介程度；(g－1)(g－2)/2 是每个行动者中介程度的最大值，起到标准化的作用，便于不同网络之间行动者中介中心度的比较。

②标准制定组织中关键参与主体的简写：

CESI——工信部电子技术标准化研究院，CHINA UNICOM——中国联合网络通信集团公司，CHINA TELECOM——中国电信集团公司，CHINA MOBILE——中国移动通信集团公司，HUAWEI——华为技术有限公司，ZTE——中兴通讯股份有限公司，BEIER——上海贝尔股份有限公司，DATANG——大唐电

信科技股份有限公司，XIAN——西安电子科技大学，BEIYOU——北京邮电大学，DIANGUI/JIANGYOU——江苏省邮电规划设计院有限责任公司，CHONGYOU——重庆邮电大学，CHONGDA——重庆大学，DONGNAN——东南大学，XIDIAN——西安西电捷通无线网络通信股份有限公司，ZHIJIAN——江苏省电子信息产品质量监督检验研究院；SIMIT——中科院上海微系统与信息技术研究所，WSN——无锡物联网产业研究院，GONGXINBU/MIIT——工业和信息化部电信研究院，China Potevio——中国普天信息产业股份有限公司。

参考文献

[1] Agarwal R. , Bayus B. L. , Tripsas M. ABandoning Innovation in Emerging Industries [R]. Preliminary Draft, 2005: 1 –39.

[2] Ahrne, G. , & Brunsson, N. Organization outside organizations: The significance of partial organization. Organization, 2011, 18: 83 –104.

[3] Akerlof, G. A. The market for "lemons": Quality uncertainty and the market mechanism [J]. Quarterly Journal of Economics, 1970, 84: 488 –500.

[4] Anderson, P. , Tushman, M. L. Technological Discontinuities and Dominant Designs: A Cyclical Model of Technological Change [J]. Administrative Science Quarterly, 1990, 35: 604 –633.

[5] Agarwal, R. , Bayus, B. L. Creating and Surviving in New Industries [J]. Advances in Strategic Management, 2004, 2: 107 –130.

[6] Arbuthnott, A. , Eriksson, J. , Wincent, J. When A New Industry Meets Traditional and Declining Ones: An Integrative Approach Towards Dialectics and Social Movement Theory in a Model of Regional Industry Emergence Processes [J]. Scandinavian Journal of Management. 2010, 26 (3): 290 –308.

[7] Annabelle, G. , Cusumano, M. A. Platform Leadership: How Intel, Microsoft, and Cisco Drive Industry Innovation [M]. Harvard Business School Press, Boston, Massachusetts, 2002.

[8] Armstrong, M. Competition in two – sided markets [J]. RAND Journal of Economics, 2006, 37: 668 –691.

[9] Axelrod, R, Mitchell, W, E. R, D. T, Bennett, S and Bruderer, E, Coalition Formation in Standard – Setting Alliances [J] Management Science, 1995 (9): 1493 –1508.

[10] Eisenmann, T. , Parker, G. , Alstyne, M. W. V. Strategies for Two – Sided Markets [J]. Harvard Business Review, 2006, 84: 92 –101.

[11] Blind, K. & Thumm, N. Interrelation between Patenting and Standardisation Strategies: Empirical Evidence and Policy Implications [J]. Research Policy, 2004 (9): 1583 - 1598.

[12] Blind, K. & Gauch, S. Trends in ICT Standards: The Relationship between European Standardization Bodies and Standards Consortia [J]. Telecommunications Policy, 2008, 32: 503 - 513.

[13] Brunsson, N., Rasche, A. & Seidl, D. The Dynamics of Standardization: Three Perspectives on Standards in Organization Studies [J]. Organization Studies, 2012, 33 (5 - 6): 613 - 632.

[14] Blind, K. The economics of standards [M]. Cheltenham, UK and Northampton, MA: Edward Elgar, 2004.

[15] Blind, K. Driving Forces for Standardization at Standardization Development Organizations [J]. Applied Economics, 2002, 34 (16): 1985 - 1998.

[16] Blind, K., Gauch, S., Hawkins, R. How Stakeholders View the Impacts of International ICT Standards [J]. Telecommunications Policy, 2010, 34: 162 - 174.

[17] Botzem, S. and Dobusch, L. Standardization Cycles: A Process Perspective on the Formation and Diffusion of Transnational Standards [J]. Organization Studies, 2012, 33: 737 - 762.

[18] Bar, F., & Borrus, M. From Public Access to Private Connections: Network Policy and National Advantage [R]. BRIE Working Paper No. 28. Paper presented at the 5th International Telecommunications Policy Research Conference, 1987.

[19] Brynjolfsson E. Network Externalities in Microcomputer Software: An Econometric Analysis of The Spreadsheet Market [J]. Management Science, 1996, 42: 1627 - 1648.

[20] Bekkers, R. Mobile Telecommunicating Standards: GSM, UMTS, TETRA, and ERMES [M]. Norwood, MA: Artech House, 2001.

[21] Brechtel Z., Cao X. W. Industrial Perspective on Emerging Industry Development: Foreign Experiences and Policy Implications forChina [J]. Journal of Science and Technology Policy in China, 2011, 2 (3): 255 - 276.

[22] Callon, M. Some Elements of Sociology of Translation: Domestication of The Scallops and The Fishermen of Saint Briere Bay [C] //Law J. Power, Action and

Belief A New Sociology of Knowledge? Sociological Review Monograph. London, 1986 Routledge and Keg an Paul, 1986: 196 – 233.

[23] Callon, M. Techno – Economic Networks and Irreversibility [C] //Sociology of Monsters: Essays on Power. Technology and Domination, Law, J. 1991: 132 – 161.

[24] Cantner, U., Pyka A. Classifying Technology Policy from An Evolutionary Perspective [J]. Research Policy. 2001, 30 (5): 759 – 775.

[25] Cargill, C. F., & Bolin, S. Standardization: A Failing Paradigm [C] //Greenstein, S., & Stango, V. (Eds.), Standards and public policy. New York: Cambridge University Press, 2007: 296 – 328.

[26] CHIESA V, MANZINI R, TOLETTI G. Standard – Setting Processes: Evidence From Two Case Studies [J]. R&D Management, 2002, 32 (5): 431 – 450.

[27] Christensen C M. TheInnovator's Dilemma: When New Technologies Cause Great Firms to Fail [M]. Harvard Business Press, 1997.

[28] Christmann, P., & Taylor, G. Firm Self – regulation through International Certifiable Standards: Determinants of Symbolic versus Substantive Implementation [J]. Journal of International Business Studies, 2006, 37: 863 – 878.

[29] Clapham, A. Human Rights Obligations of Non – state Actors [M]. Oxford/NewYork: Oxford University Press, 2006.

[30] DiMaggio, P. J., & Powell, W. W. TheIron Cage Revisited: Institutional Isomorphism and Collective Rationality in Organizational Fields [J]. American Sociological Review, 1983, 48: 147 – 160.

[31] David, P. A. and Greenstein, S. M. The Economics of Compatibility Standards: An Introduction to Recent Research [J]. Economics of Innovation and New Technology, 1990, 1: 3 – 41.

[32] David, P. A. and Shurmer, M. Formal Standards – Setting for Global Telecommunications and Information Services [J]. Telecommunications Policy, 1996, 20: 789 – 815.

[33] David, P., & Steinmueller, W. E. Economics of Compatibility Standards and Competition in Telecommunication Networks [J]. Information Economics and Policy, 1994, 6: 217 – 241.

[34] DeLacey, B., Herman, K., Kiron, D. and Lerner, J. Strategic Behavior in Standard – Setting Organizations [D]. Harvard University, 2006.

[35] Delcamp, H. and Leiponen, A. Innovating Standards through Informal Consortia: The Case of Wireless Telecommunications [J]. The NBER conference on Standards, Patents, and Innovation, 2012: 1 – 37.

[36] Dokko G., Rosenkopf, L. Social Capital for Hire? Mobility of Technical Professionals and Firm Influence in Wireless Standards Committees [J]. Organization Science, 2010: 677 – 695.

[37] Fransman, M. International Competitiveness, Technical Change and The State: The Machine Tool Industry in Taiwan and Japan [J]. World Development, 1986, December, 1375 – 1396.

[38] Funk, J. L. Standards, Dominant Designs and Preferential Acquisition of Complementary Assets Through Slight Information Advantages [J]. Research Policy, 2003, 32: 1325 – 1341.

[39] Farrell, J., Saloner, G. Installed Base and Compatibility: Innovation, Product Preannouncements, and Predation. American Economic Review, 1986, 76: 940 – 955.

[40] Farrell, J. and Saloner, G. Coordination through Committees and Markets [J]. The RAND Journal of Economics, 1988, Summer: 235 – 252.

[41] Farrell, J. Choosing the Rules for Formal Standardization [R]. Working Paper, University of California, Berkeley, 1996.

[42] Fomin, V., Keil, T. Standardization: Bridging the Gap between Economic and Social Theory [J]. Standardization, 2000: 206 – 217.

[43] Fomin, V., Keil, T. Lyytinen, K. Theorizing about Standardization: Integrating Fragments of Process Theory in Light of Telecommunication Standardization Wars [J]. Sprouts, 2005, 3 (1): 29 – 60.

[44] Forbes, D. P., Kirsch, D. A. The Study of Emerging Industries: Recognizing and Responding to Some Central Problems [J]. Journal of Business Venturing, 2011, 26: 589 – 602.

[45] Farrell, J. & Simcoe, T. Choosing the Rules for Formal Standardization. Unpublished manuscript, 2008.

[46] Freeman, C. The National System of Innovation in Historical Perspective [J]. Cambridge Journal of Economics, 1995, 19 (1): 78 -82.

[47] Gauch, S. Dynamics and effects of competing standards of recordable DVD - media Author (s). Gauch, S. Source Egyedi, T. M.; Blind, K.: The dynamics of standards Cheltenham: Elgar, 2008. ISBN: 978 -1 -84720 -486 -8 ISBN: 1 -84720 -486 - 4, 47 -67.

[48] Gallagher, S. The complementary role of Dominant designs and industry standards [J]. IEEE Transactions on Engineering Management, 2007, 54: 371 -379.

[49] Gao, X., & Liu, J. Catching up through the development of technology standard: The case of TD - SCDMA in China [J]. Telecommunications Policy, 2012, 36: 817 -831.

[50] Gulbrandsen, L. H. Transnational Environmental Governance: The Emergence and Effects of The Certification of Forests and Fisheries [M]. Cheltenham, UK: Edward Elgar, 2012.

[51] Hawkins, R. The Rise of Consortia in the Information and Communication Technology Industries: Emerging Implications for Policy [J]. Telecommunications Policy, 1999, 23: 159 -173.

[52] Hess, C. M., & Kemerer, C. F. Computerized loan origination systems: An industry case study of the electronic markets hypothesis [J]. MIS Quarterly, 1994, 18 (3): 251 -275.

[53] Hart, D. M. Forged consensus: Science, technology, and economic policy in the United States: 1921 - 1953 [M]. Princeton, NJ: Princeton University Press, 1998.

[54] Holmblad Brunsson, K. The Notion of General Management [M]. Copenhagen: Copenhagen Business School Press, 2008.

[55] Intriligator, M. D., Braguinsky, S., Bowen, J. R., Tullock, G., Root, H. L. Role of Market Institutions in Pacific Rim Development and Transition [J]. Contemporary Economic Policy. 1999, 1: 109 -137.

[56] IoT European Research Cluster. Internet of Things: Strategic Research Roadmap [R]. European Commission, 2009.

[57] Jho, W. Global political economy of technology standardization: A case of

the Korean mobile telecommunications market [J]. Telecommunications Policy, 2007, 31: 124 - 138.

[58] Jacobs, K. How to Distribute A Cake Before Cutting It into Pieces: Alice in Wonderland or Radio Engineer's Gang in the Nordic Countries? [D]. Hershey, PA: IGI Publishing, 2000.

[59] Jakobs, K. ICT standards research: Quo vadis? [J]. Homo Oeconomicusi, 2006, 23 (1): 79 - 107.

[60] Jan van den Ende, Geerten van de Kaa, Simon den Uijl, Henk J. de Vries. The Paradox of Standard Flexibility: The Effects of Co - evolution between Standard and Intraorganizational Network [J]. Organization Studies, 2012, 33: 705 - 736.

[61] Jacobsson, S., Bergek, A. Transforming the Energy Sector: the Evolution of Technological Systems in Renewable Energy Technology [J]. Industrial and Corporate Change, 2004, 13 (5): 815 - 849.

[62] Katz, M . L, Shapiro C. Technology adoption in the presence of network externalities [J]. Journal of Political Economy, 1986 (4): 822 - 841.

[63] Katz, M. L., Shapiro, C. Product Introduction with Network Externalities [J]. Journal of Industrial Economics, 1992, 40: 55 - 83.

[64] Kerwer, D. Rules that Many Use: Standards and global regulation [J]. Governance, 2005, 18: 611 - 632.

[65] Kshetri, N., Palvia, P., & Dai, H. Chinese institutions and standardization: the case of government support to domestic third generation cellular standard [J]. Telecommunications Policy, 2011, 35: 399 - 412.

[66] Karmel, R. S., & Kelly, C. R. The hardening of soft law in securities regulation [J]. Brooklyn Journal of International Law, 2009, 34: 883 - 951.

[67] Kolk, A. Corporate Social Responsibility in The Coffee Sector: The Dynamics of MNC Responses and Code Development [J]. European Management Journal, 2005, 23: 228 - 236.

[68] Kolk, A., Levy, D., & Pinkse, J. Corporate Responses in An Emerging Climate Regime: The Institutionalization and Commensuration of Carbon Disclosure [J]. European Accounting Review, 2008, 17: 719 - 745.

[69] Kreshmer, K. Market Driven Standardization: Everyone Can Win [J].

Standards Engineering, 2000, 52 (4): 15 - 19.

[70] Kreiser, P., Marino, L., Analyzing the Historical Development of the Environmental Uncertainty Construct [J]. Management Decision, 2002, 40 (9): 895 - 905.

[71] Kim, L. Imitation to innovation: The Dynamics of Korea's Technological Learning [M]. Boston, MA: Harvard Business School Press, 1997.

[72] Leiponen, A. Competing Through Cooperation: The Organization of Standard Setting in Wireless Telecommunications [J]. Management Science, 2008: 1904 - 1919.

[73] Lee, H. & Oh, S, The Political Economy of Standards Setting by Newcomers: China's WAPI and South Korea's WIPI [J]. Telecommunications Policy, 2008, 32: 662 - 671.

[74] Lee, K., Lim, C. Technological Regimes, Catching - up and Leapfrogging: Findings from the Korean Industries [J]. Research Policy, 2001, 30: 459 - 483.

[75] Lehr, W. Standardization: Understanding the Process [M]. Louis Lunin and Michael Spring, September, 1992.

[76] Lee, H., &Oh, S. A Standards War Waged by A Developing Country: Understanding International Standard Setting From the Actor - Network Perspective [J]. Journal of Strategic Information Systems, 2006, 15: 177 - 195.

[77] Lambkin, M., Day, G. S. Evolutionary Processes in Competitive Markets: Beyond the Product Life Cycle [J]. Journal of Marketing. 1989, 53: 4 - 20.

[78] Murmann, J. P., Frenken, K. Toward A Systematic Framework for Research on Dominant Designs, Technological Innovations, and Industrial Change [J]. Research Policy, 2006, 35: 925 - 952.

[79] Malerba F, Orsenigo L. Schumpeterian Patterns of Innovation Are Technology - Specific [J]. Research Policy, 1996 (25): 451 - 478.

[80] Murtha, T. P., Lenway, S. A., Hart, J. A. Managing New Industry Creation: Global Knowledge Formation and Entrepreneurship in High Technology [M]. Stanford, CA: Stanford University Press, 2001.

[81] Montealegre, R. A Temporal Model of Institutional Interventions for Information Technology Adoption in Less - developed Countries [J]. Journal of Management

Information Systems, 1999, 16: 207 –235.

[82] Markus, M. L. , Steinfield, C. W. , Wigand, R. T. , Minton, G. Industry – wide Information Systems Standardization as Collective Action: the Case of the U. S. Residential Mortgage Industry [J]. MIS Quarterly, 2006, August: 439 –465.

[83] Maxwell, G. and Oliver, P. The Critical Mass in Collective Action [M]. Cambridge University Press, New York, 1993.

[84] Murmann, J. P. , Frenken, K. Toward A Systematic Framework for Research on Dominant Designs, Technological Innovations, and Industrial Change [J]. Research Policy, 2006, 35: 925 –952.

[85] Narayanana, V. K. Chen, T. X. Research on technology standards: Accomplishment and challenges [J]. Research Policy, 2012, 41: 1375 –1406.

[86] Nair, A. , & Prajogo, D. Internalisation of ISO 9000 standards: The Antecedent Role of Functionalist and Institutionalist Drivers and Performance Implications [J]. International Journal of Production Research, 2009, 47: 4545 –4568.

[87] Olson, M. The Logic of Collective Action: Public Goods and the Theory of Groups [M]. Harvard University Press, Boston, 1971.

[88] Pearce, R. J. How We Can Learn How Governments Matter to Management and Organization [J]. Journal of Management Inquiry, 2001, 10 (2): 103 –112.

[89] Phaal, R. , O'sullivan, E. , Routley, M. , Ford, S. and Probert, D. A Framework for Mapping Industrial Emergence [J]. Technological Forecasting and Social Change, 2011, 78 (2): 217 –230.

[90] Quack, S. Legal Professionals and Transnational Law – making: A Case of Distributed Agency [J]. Organization, 2007, 14: 643 –666.

[91] Rea, D. G. , Brooks, H. , Burger, R. M. , & LaScala, R. The Semiconductor Industry: Model for Industry/University/Government Cooperation [J]. Research Technology Management, 1997, 40 (4): 46 –54.

[92] Russell, A. L. Standardization in History: A Review Essay with An Eye to The Future [M] //Bolin, S. (Ed.), The standards edge: Future generations. Ann Arbor, MI: Sheridan Press, 2005.

[93] Ring, P. S. , Bigley, G. A. , D' Aunno, T. , & Khanna, T. Perspectives on How Governments Matter [J]. Academy of Management Review, 2005, 30 (2):

308 – 320.

[94] Ratanawaraha, A. Late Standardization and Technological Catch – up [D]. Doctoral dissertation. Cambridge M A: MIT Press, 2006.

[95] Rosenkopf, L. Metiu, A. and George, P. V. From the Bottom Up? Technical Committee Activity and Alliance Formation [J]. Administrative Science Quarterly, 2001, December: 748 – 772.

[96] Ruttan, V. M. Technology, Growth, and Development: An Induced Innovation Perspective [M]. Oxford: Oxford University Press Inc, 2000.

[97] Rothwell, R., Zegveld, W. Industrial Innovation and Public Policy: Preparing for the 1980s and 1990s [M]. London: Frances Printer, 1981.

[98] Spring, M. B., Weiss, M. B. H. Financing the Standards Development Process [M]. Standards Policy for Information Infrastructure, 1995.

[99] Suarez F. F. Battles forTechnological Dominance: an Integrative Framework [J]. Research Policy, 2004, 33 (2): 271 – 286.

[100] Simcoe, T. Committees and the Creation of Technical Standards [R]. Working Paper. University of California at Berkeley, Hass School of Business, 2004.

[101] Simcoe, T. S. Delay and Dejure Standardization: Exploring the Slowdown in Internet Standards Development [M] //Greenstein, S., & Stango, V. (Eds.), Standards and public policy. New York: Cambridge University Press, 2007.

[102] Simcoe, T. S. Standard Setting Committees: Consensus Governance for Shared Technology Platforms [J]. American Economic Review, 2012, 102: 305 – 336.

[103] Stigzelius, I., & Mark – Herbert, C. Tailoring Corporate Responsibility to Suppliers: Managing SA 8000 in Indian Garment Manufacturing [J]. Scandinavian Journal of Management, 2009, 25: 46 – 56.

[104] Steinfield, C. W., Markus, M. L., & Wigand, R. T. Exploring Inter organizational Systems at the Industry Level of Analysis: Evidence from the US Home Mortgage Industry [J]. Journal of Information Technology, 2005, 20 (4): 224 – 233.

[105] Stigson, P., Dotzauer, E., Yan. J. Y. Improving Policy Making Through Government Industry Policy Learning: the Case of a Novel Swedish Policy Framework [J]. 2009, 66 (4): 399 – 406.

[106] Srinivasan, R., Lilien, G. L., Rangaswamy, A. The Emergence of

Dominant Designs [J]. Journal of Marketing, 2006, 70: 1 –17.

[107] Schilling, M. A. Technology success and failure in winner – take – all markets: the impact of learning orientation, timing, and network externalities [J]. Academy of Management Journal, 2002, 45: 387 –398.

[108] Suarez, F. F., Utterback, J. M. Dominant Designs and The Survival of Firms [J]. Strategic Management Journal, 1995, 16: 415 –430.

[109] Terrill, R. What does China want? [J]. Wilson Quarterly, 2005, 29 (4): 50 –61.

[110] Tushman, M. L. and Rosenkopf, L. Organizational Determinants of Technological Change: Toward Sociology of Technological Evolution [J]. Research in Organizational Behavior, 1992.

[111] Tamm Hallström, K. Organizing International Standardization: ISO and the IASC in Quest of Authority [M]. Cheltenham, UK: Edward Elgar, 2004.

[112] Timmermans, S., & Epstein, S. A World of Standards But Not A Standard World: Toward Sociology of Standards and Standardization [J]. Annual Review of Sociology, 2010, 36: 69 –89.

[113] Tikkanen, I. Innovations, Exports and Finish Electrical Industry Life Cycle 1960 –2005 [J]. Journal of Euromaketing, 2008, 17 (3/4): 790 –805.

[114] Utterback, J. M. Mastering the Dynamics of Innovation [M]. Boston: Harvard Business Press. 1996.

[115] Updegrove, A, Forming, Funding, and Operating Standard – Setting Consortia [J]. IEEE Micro, 1993, December: 52 –60.

[116] Updegrove, A. Standard Setting and Consortium Structures [J]. Standard View, 1995, December: 143 –147.

[117] Updegrove, A. What Standards Organization Should I Join? [J/OL]. Consortium Standards Bulletin, 2003, June, online at: http: //www. consortiuminfo. org.

[118] Wigand, R., Steinfield, C., & Markus, M. L. IT Standards Choices and Industry Structure Outcomes: The Case of The US Home Mortgage Industry [J]. Journal of Management Information Systems, 2005, 22 (2): 165 –191.

[119] Weiss, M. B. H. and Sirbu, M. A. Technological Choice in Voluntary Standards Committees: An Empirical Analysis [J]. Economics of Innovation and New

Technology，1990，1：111－133.

[120] Weiss，M. and Cargill，C. Consortia in the Standards Development Process [J]. Journal of the American Society for Information Science，1992：559－565.

[121] Xia，J. Competition and Regulation in China's 3G/4G Mobile Communications Industry：Institutions，Governance，and Telecom SOEs [J]. Telecommunications Policy，2012，36（7）：503－521.

[122] Zhan，A.，& Tan，Z. Standardization and Innovation in China：TD－SCDMA Standard as A Case [J]. International Journal of Technology Management，2010，51（2－4）：453－468.

[123] 布鲁诺·拉图尔．科学在行动 [M]．北京：东方出版社，2005：174，189－190.

[124] 陈春晖．高技术产业技术标准联盟优势研究 [D]．[博士学位论文]．湖南大学，2007.

[125] 陈丽军．技术标准中的反垄断问题研究 [D]．[硕士学位论文]．西南财经大学，2006.

[126] 陈诗一．中国的绿色工业革命：基于环境全要素生产率视角的解释（1980—2008）[J]．经济研究，2010，45（11）：21－34.

[127] 陈洪涛，陈劲，施放，郑胜华．新兴产业发展中的政府作用机制研究——基于国家政治制度结构的理论分析模型 [J]．科研管理，2009，30（3）：1－8.

[128] 曹希玉．创新——战略性新兴产业技术轨道 [J]．科技与杂志，2011（10）：10－11.

[129] 曹洋，王建平．物联网架构及其产业链研究 [J]．技术经济与管理研究，2013（2）.

[130] 代义华．信息产业中技术标准联盟的核心成员选择研究 [D]．[硕士学位论文]．四川大学，2006.

[131] 邓敬斐．产业技术联盟技术标准化路径与管理方法研究 [D]．[硕士学位论文]．哈尔滨理工大学，2012.

[132] 邓洲．技术标准导入与战略性新兴产业发展 [J]．经济管理，2014（7）.

[133] 方卉．高技术企业协作 R&D 网络与技术标准联盟契合价值创造研究

[D]. [硕士学位论文]. 湖南大学, 2007.

[134] 方荣贵, 银路, 王敏. 新兴技术向战略性新兴产业演化中政府政策分析 [J]. 技术经济, 2010, 29 (12): 1－6.

[135] 冯永琴. 技术标准演进中的标准创立者专利行为研究 [D]. [博士学位论文]. 大连理工大学, 2012.

[136] 冯晓青. 企业知识产权战略 [M]. 北京: 知识产权出版社, 2001.

[137] 耿乃国. 基于网络效应的ICT产业标准竞争与合作研究 [D]. [博士学位论文]. 辽宁大学, 2008.

[138] 国家发展改革委高技术产业司, 国家信息中心信息资源开发部. 战略性新兴产业发展特点及政策建议 [J]. 宏观经济管理, 2013 (6): 12－14.

[139] 姜龚. 技术标准竞争中的政府行为研究 [D]. [硕士学位论文]. 暨南大学, 2006.

[140] 韩文慧. 技术标准联盟伙伴关系管理研究 [D]. [硕士学位论文]. 杭州电子科技大学, 2009.

[141] 胡武婕. 中国信息通信产业技术标准竞争与策略研究 [D]. [博士学位论文]. 北京邮电大学, 2010.

[142] 黄南. 世界新兴产业发展的一半规律分析 [J]. 科技与经济, 2008 (5).

[143] 顾海峰. 战略性新兴产业发展的金融支持体系及其政策设计 [J]. 现代财经, 2011, 9: 76－82.

[144] 江振林. 需求方导向的中国标准战略 [D]. [博士学位论文]. 浙江大学, 2010.

[145] 科技部: 切实发挥技术标准在新兴产业中的引领作用 [J]. 功能材料信息, 2013, 10 (2): 25－26.

[146] 刘建国. 基于行动者网络理论的智能交通产业标准化战略研究 [J]. 中国科技论坛, 2014 (2).

[147] 刘治国. 技术标准及其后进入者策略研究 [D]. [博士学位论文]. 复旦大学, 2006.

[148] 李大平. 高技术企业技术标准联盟知识产权战略研究 [D]. [博士学位论文]. 湖南大学, 2007.

[149] 李春田. 标准化概论 [M]. 北京: 中国人民大学出版社, 2007.

[150] 李金才．生态农业标准体系与典型模式技术标准研究 [D]．[博士学位论文]．中国农业科学院，2007.

[151] 李小平，卢现祥．国际贸易、污染产业转移和中国工业 CO 排放 [J]．经济研究，2010，45 (1)：15－26.

[152] 李薇，李天赋．政府介入技术标准联盟的必要性，2013.

[153] 刘慷．技术标准联盟的运行机理与公共政策研究 [D]．[博士学位论文]．东北财经大学，2011.

[154] 刘洪昌，武博．战略性新兴产业的选择原则及培育政策取向 [J]．现代经济探讨，2010 (10)：56－59.

[155] 刘辉峰．自主创新与我国战略性新兴产业发展的“机会窗口” [J]．中国科技论坛，2011，9：27－31.

[156] 林学军．战略性新兴产业的发展与形成模式研究 [J]．中国软科学，2012 (2)：26－34.

[157] 李奎，陈丽佳．基于创新双螺旋模型的战略性新兴产业促进政策体系研究 [J]．中国软科学，2012 (12)：179－186.

[158] 陆国庆．战略性新兴产业创新的绩效研究——基于中小板上市公司的实证研究 [J]．南京大学学报（哲学·人文科学·社会科学版），2011 (4)：72－80.

[159] 李文元，张茜，张鑫．战略性新兴产业开放式创新模式研究 [J]．工业技术经济，2013 (3)：105－112.

[160] 李晓华，吕铁．战略性新兴产业的特征与政策导向研究 [J]．宏观经济研究，2010 (9)：20－26.

[161] 李葳，王宏起．战略性新兴产业的战略联盟网络化合作模式 [J]．学习与探索，2011，194 (3)：179－181.

[162] 苗宗利．我国 IT 企业标准化实施研究 [D]．[硕士学位论文]．北京交通大学，2013.

[163] 欧雅捷，林迎新．战略性新兴产业创新系统构建的基础探讨 [J]．技术经济，2010，29 (12)：7－11.

[164] 彭学龙，赵小东．政府资助研发成果商业化运用的制度激励——美国《拜杜法案》对我国的启示 [J]．电子知识产权，2005 (7)：42－44.

[165] 钱学森．标准化和标准学研究 [J]．标准化通讯，1979 (3).

［166］孙学斌．网络型产业中技术标准联盟生命周期及其竞争策略研究［D］．［硕士学位论文］．中国海洋大学，2008

［167］孙耀吾．基于技术标准的高技术企业技术创新网络研究［D］．［博士学位论文］．湖南大学，2007.

［168］孙继红，武建龙，徐玉莲，王宏起．促进战略性新兴企业自主创新的税收优惠政策重要性排序［J］．科技与管理，2013，15（4）：1－5.

［169］孙耀吾，赵雅，曾科．技术标准化三螺旋结构模型与实证研究［J］．科学学研究，2009，27（5）：733－742.

［170］史方宇．新兴技术管理研究概述［J］．经济研究导刊，2014，232（14）：10－12.

［171］沙飞，范鹏飞．我国物联网产业链发展的对策研究．南京邮电大学学报（社会科学版），2012，14（2）.

［172］陶爱萍，李丽霞，洪结银．标准锁定、异质性和创新惰性［J］．中国软科学，2013，12.

［173］谭劲松，林润辉．TD－SCDMA 与电信行业标准竞争的战略选择［J］．管理世界，2006（6）：71－84.

［174］韦海英．高技术企业技术标准合作网络中的主体互动研究［D］．［硕士学位论文］．湖南大学，2005.

［175］吴慧娟．专利技术标准化过程中行业协会的作用探讨［D］．［硕士学位论文］．中国政法大学，2009.

［176］吴文华．高技术企业技术标准联盟治理研究［D］．［博士学位论文］．湖南大学，2008.

［177］王建平，曹洋，史一哲．物联网软件产业链研究［J］．中国软科学，2011（8）.

［178］王珊珊，许艳真，李力．新兴产业技术标准化：过程、网络属性及演化规律［J］．科学学研究，2014（8）.

［179］王珊珊，王宏起．开放式创新下的全球技术标准化趋势研究［J］．研究与发展管理，2012，24（6）：80－86

［180］王立军，任亚磊．战略性新兴产业的技术标准竞争——以云计算和农业为例［J］．科技广场，2012（7）：22－23.

［181］王珊珊，武建龙，王宏起．产业技术标准化能力的结构维度与评价

指标研究 [J]. 科学学与科学技术管理, 2013, 34 (6): 112 – 118.

[182] 王能能, 孙启贵, 徐飞. 行动者网络理论视角下的技术创新动力机制研究——以中国自主通信标准 TD – SCDMA 技术创新为例 [J]. 自然辩证法研究, 2009, 25 (3).

[183] 王宏起, 孙继红, 李玥. 战略性新兴企业自主创新的税收政策有效性评价研究 [J]. 中国科技论坛, 2013 (6): 63 – 69.

[184] 王红军. 战略性新兴产业创新能力评估及提升路径研究 [J]. 技术与创新管理, 2013, 34 (5): 419 – 422.

[185] 吴绍波. 战略性新兴产业创新生态系统协同创新的治理机制研究 [J]. 中国科技论坛, 2013 (10): 5 – 9.

[186] 薛卫, 雷家骕. 标准竞争——闪联的案例研究 [J]. 科学学研究, 2008, 26 (6): 1231 – 1237.

[187] 熊勇清, 李世才. 战略性新兴产业与传统产业的良性互动发展——基于我国产业发展现状的分析与思考 [J]. 科技进步与对策, 2011, 28 (5): 54 – 58.

[188] 肖兴志, 谢理. 中国战略性新兴产业创新的绩效分析 [J]. 经济管理, 2011 (11): 26 – 35.

[189] 闫涛, ICT 产业技术标准动态博弈及企业标准竞争战略研究 [D]. [博士学位论文]. 北京交通大学, 2008.

[190] 杨春静. 基于行动者网络理论的技术标准案例研究 [D]. [硕士学位论文]. 哈尔滨工业大学, 2010.

[191] 杨帆. 技术标准中的专利问题研究 [D]. [博士学位论文]. 中国政法大学, 2006

[192] 姚远. 技术标准下的专利联盟形成机理研究 [D]. [博士学位论文]. 中国科学技术大学, 2010.

[193] 袁信. 高科技企业技术标准联盟专利开发战略研究 [D]. 中南大学博士学位论文, 2009.

[194] 于永慧, 李敢. 基于技术路线图视角下的中国新兴产业发展: 挑战与破局 [J]. 华东经济管理, 2011 (7): 69 – 72.

[195] 袁天昂. 资本市场支持我国战略性新兴产业发展研究 [J]. 西南金融, 2010 (3): 68 – 71.

[196] 余江，陈凯华．提升知识产权战略能力，推动战略性新兴产业发展[J]. science & technology for development，48－51.

[197] 张琰飞．信息产业技术标准联盟伙伴选择研究［D］．［硕士学位论文］．湖南大学，2006

[198] 赵华．我国装备制造业自主技术标准形成机制研究［D］．［硕士学位论文］．首都经济贸易大学，2012.

[199] 朱建秋．基于移动通信标准的标准成功要因研究［D］．［博士学位论文］．北京邮电大学．

[200] 张铭洪．网络经济学教程［M］．北京：科学出版社，2002.

[201] 朱彤．网络效应经济理论［M］．北京：中国人民大学出版社，2004.

[202] 詹爱岚，李峰．基于行动者网络理论的通信标准化战略研究——以TD－SCDMA 标准为实证［J］．科学学研究，2009，29（1）：56－63.

[203] 周程．日本官产学合作的技术创新联盟案例研究［J］．中国软科学，2008（2）：48－57.

[204] 周殷华．我国 Linux 发展的成功模式：政府引导的战略合作联盟——以中科红旗公司为例［J］．中国软科学，2008，(8)：85－92.

[205] 周新生．产业兴衰论［M］．西安：西北大学出版社，2000.

[206] 朱瑞博．战略性新兴产业培育的知识产权与标准竞争战略研究［J］．上海经济研究，2011，(4)：79－88.